Veronika Michitsch

Breadcakes

Kleines Feines aus Brot

ISBN 978-3-99025-294-9
© 2017 Freya Verlag GmbH
Alle Rechte vorbehalten
A-4020 Linz
www.freya.at

Layout: freya_art, Katharina Seiler
Lektorat: Dorothea Forster
Fotos: Veronika Michitsch
Shutterstock: © Hein Nouwens, All Web Services, wjarek, Nattika, timquo,
George3973, Eugeniya Pavlenko, Magenta10, MAHATHIR MOHD YASIN,
Nedim Bajramovic, Olga Popova, Pavlo_K, Aurelie Fieschi, Vladimir Kons-
tantinov, Gita Kulinitch Studio, vsl

printed in EU

Breadcakes

KLEINES FEINES AUS BROT

Veronika Michitsch

freya

INHALT

Drunter
Unwiderstehlich leckere Breadcakes-Variationen

Drüber

Topping-Rezepte für Breadcakes

Drumherum

Breadcakes verkleiden und dekorieren

EINLEITUNG

Sie kennen Brot. Natürlich. In sämtlichen Formen, Varianten und Geschmacksrichtungen. Sie kennen Cupcakes. Wahrscheinlich. Die kleinen, süßen Küchlein mit den herrlichen, sündhaft köstlichen Cremen und Toppings obenauf, die das Gold auf den Hüften rasant wachsen lassen.

Aber kennen Sie Breadcakes? Bestimmt nicht! Dieser Begriff wurde von mir in Verbindung mit der neuen Rezeptidee, die in diesem Buch dargestellt wird, kreiert. Ich garantiere Ihnen, dass Sie in Zukunft nicht die Finger davon lassen können und dass Breadcakes jede Ihrer Gästeeinladungen und Grillpartys, jeden Ihrer Brunches oder Afternoon Teas zu einer Besonderheit werden lassen!

Gemeint sind mit diesem Begriff unterschiedlichste Brotteige, in den berühmten Muffinförmchen gebacken und in Cupcake-Manier mit pikanten und herzhaften Toppings verziert. Fertig ist die Geschmacksexplosion der Superlative, die natürlich zu einem besonderen Augenschmaus wird und sich nebenbei noch kalorienreduziert und gesundheitsbewusst genießen lässt!

Sensibles Backen leicht gemacht!
Die Zeit der kalorienschweren, gehaltvollen Rezepte ist in unserer westlichen Welt schon längere Zeit passé!! Schlanke, gesunde Körper sind heute erstrebenswerter denn je und werden von Bewegungs- und Ernährungsindustrie intensiv beworben.

Und hier setzt dieses Backbuch an: am Ernährungspuls der Zeit, mit Zutaten, die zwar vielen Menschen (leider) noch unbekannt, jedoch ebenso einfach erhältlich sind wie die Wurstsemmel um die Ecke. Die Backrezepte in diesem Buch bedienen sich ausschließlich biologisch-dynamischer Zutaten, also solcher, die im Rhythmus der Jahreszeiten und unter durchwegs natürlichen Gegebenheiten an Höfen angebaut und bis zur Ernte natürlich behandelt werden, und alternativer Mehl- und Zuckeraustauschstoffe. Menschen, die sensibel auf gewisse Nahrungsmittel reagieren und unter Nahrungsmittelunverträglichkeiten leiden, vorwiegend jene mit Fructose-, Lactose-, Milcheiweiß-, Gluten- und Histaminintoleranz, finden in der neuen Backform geeignete, auf Sensibilität in der Nahrungsaufnahme ausgerichtete Köstlichkeiten.

Ihr Körper wird sich der wertvollen Nährstoffe und der verträglichen Substanzen ebenso erfreuen wie Ihr Gaumen des köstlichen Geschmacks!
   Als Tupfen auf dem I gibt es im hinteren Abschnitt des Buches noch Anleitungen zu einem leicht umzusetzenden Handarbeitsprojekt, das zur Verzierung von Breadcakes beiträgt und leicht nachgemacht werden kann.

Die kreative Idee …

Breadcakes sind eine absolute Neuheit in der Backwelt. Sie sind am Markt bisher nicht eingeführt, Rezeptbücher dazu existieren schon gar nicht! Das Konzept der erfolgreichen Cupcakes ist bislang nur im Süßspeisenbereich bekannt. Breadcakes, die als Basis unterschiedlichste Brotteige haben, wobei sich diese vorwiegend aus diversen Mehlarten, herzhaften Zutaten und Weinsteinbackpulver zusammensetzen (von pikant über kernig bis süß), werden auf liebevolle und kreative Weise verziert und mit schmackhaften, pikanten Crèmes getoppt. So sehen sie zwar wie Cupcakes aus, schmecken jedoch nach Brot, sind aus unterschiedlichsten Backzutaten hergestellt und lassen sich wunderbar mit zahlreichen Gerichten kombinieren oder als kreative Vorspeise verwenden.

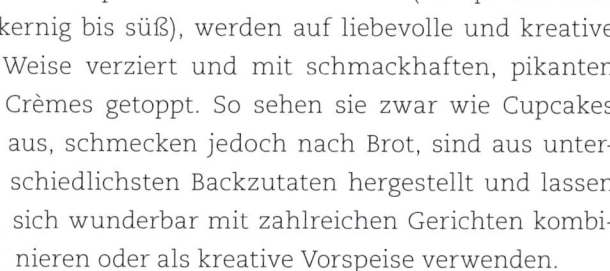

Durch meine eigenen Lebensmittelunverträglichkeiten war ich selber stets gezwungen, durch alternative Zutaten das Kochen und Backen auf meine Esssensibilität abzustimmen und dabei auch neue Rezepte zu erfinden. Von der Qualität meiner Kreationen überzeugt, ging ich damit auch nach draußen. Und der Erfolg gibt mir recht!

Ein Beweis dafür, dass die Menschen sich nach schmackhaften, vollmundigen Rezepten sehnen und gleichzeitig das Gesundheitsbewusstsein nicht aus den Augen verlieren wollen.

Und genau diese Marktlücke bedient mein Backbuch!

Ich arbeite nur mit Produkten aus dem biologisch-dynamischen Anbau und mit modernen und alternativen Zucker- und Mehlaustauschstoffen. Die Breadcakes schmecken himmlisch, sind leicht herzustellen, gut für die Figur und den Blutzuckerspiegel und äußerst bekömmlich für Menschen mit Nahrungsmittelintoleranzen.

Gesundheit kann man sich nicht kaufen – gesunde Zutaten jedoch schon.

Die dritte Komponente, die das Buch bietet, sind die handwerklichen Mini-Projekte, genauer gesagt Manschetten, die man, abgestimmt auf die Breadcakes, anfertigen kann. Sie geben den Köstlichkeiten noch den nötigen dekorativen Pfiff und eignen sich wunderbar für nahrhafte Geschenke!

Gutes Gelingen wünscht Ihnen

Veronika Michitsch

BACKEN IN VIER ALTERNATIVEN

Breadcakes sind, wie in der Einleitung beschrieben, eine außergewöhnliche Variante des Backens und Präsentierens von Brötchen. Das Diminutiv sagt aus, dass es sich um kleine Brotstücke handelt, die aufgrund der kleineren Größe rascher verzehrt, leichter eingefroren, besser eingepackt und lieblicher dekoriert werden können. Da die Brötchen jedoch so wie Küchlein – „Cakes"– präsentiert und garniert werden, wurden daraus die „Breadcakes".

Pro Backrezept finden Sie ein Originalrezept für normale Esser und vier Backalternativen. Jede davon bezieht sich auf eine spezielle Nahrungsmittelunverträglichkeit. Je nachdem, ob sie an Lactose- oder Milcheiweiß-, Gluten-, Histamin- oder Fructoseunverträglichkeit leiden, finden Sie eine auf Sie abgestimmte Variante des Rezepts. So können Sie mit diesem Backbuch aktiv etwas gegen Ihr vermeintlich ausweglose kulinarisches Schicksal unternehmen und Ihren sensiblen Verdauungstrakt oder die empfindlichen Organe Ihrer Familienmitglieder und Gäste entspannen.

Zahlreiche junge, spritzige Rezepte mit Pfiff und einer Prise Verwegenheit zeigen Ihren Nahrungsmittelunverträglichkeiten die Genießerzunge und machen Appetit auf mehr.

Bitte beachten! Die Backrezepte in diesem Buch sind lediglich Vorschläge zum Backen für Ess-Sensible! Wenn Sie Zutaten aus den jeweiligen Rezeptvorschlägen nicht vertragen sollten, ändern Sie bitte das Rezept Ihren Bedürfnissen entsprechend um.

Sind Sie ess-sensibel?

Für Sie ein neues Wort? Kein Wunder. „Ess-sensibel" ist ein von der Autorin geprägter Begriff, der die Sensibilität von Menschen beim Essen von gewissen Nahrungsmitteln oder Zusatzstoffen, die vom Körper durch Unverträglichkeiten nicht verarbeitet oder vertragen werden, bezeichnet. Die Betroffenen reagieren mit entsprechenden, meist schmerzhaften oder das Allgemeinbefinden negativ beeinflussenden Symptomen auf die aufgenommene Nahrung.

Welche Symptome zeigen sich dabei? Ihr Körper reagiert empfindlich auf gewisse Nahrungsmittel? Ihnen grummelt der Bauch, wenn Sie Milchprodukte zu sich nehmen? Bei Rohkost rebelliert Ihr Darm? Zucker und Honig sind Süßungsmittel, die Sie aus eigener leidvoller Erfahrung eher meiden? Erdbeeren oder lang gereifter Käse machen Sie zum Umfallen müde oder verursachen Migräne? Gluten- und stärkehaltige Nahrungsmittel bescheren Ihnen Steine im Magen? Müssen Sie aufgrund spezieller gesundheitlicher Gründe eine kohlenhydratreduzierte Diät einhalten? Bei fettreich gekochten Speisen reagiert Ihre Bauchspeicheldrüse unnatürlich empfindlich? Bei Restaurant- und Cafébesuchen enthält die Speise- und Getränkekarte nur sehr wenig für Ihre Essbedürfnisse, da Sie auf gängige Speisenzubereitungen übersensibel reagieren? Sie haben bei Bekannten, Freunden und Familie des Öfteren Erklärungsbedarf?

Wenn Sie diese Fragen größtenteils mit Ja beantworten können, dann sind Sie mit großer Wahrscheinlichkeit ess-sensibel.

Was essen Sie?

Wahrscheinlich wurden Sie von Ihrer Ärztin oder Ihrem Arzt des Vertrauens nach erfolgtem Nahrungsmittelunverträglichkeitstest esstechnisch aufgeklärt und mussten ab sofort gewisse Nahrungsmittel oder Zusatzstoffe weglassen. Vielleicht gehören Sie zu der Sorte Mensch, bei der mehrere Nahrungsmittelunverträglichkeiten gleichzeitig festgestellt

wurden. Fructoseintoleranz, Gluten- oder Histaminunverträglichkeit, Zöliakie, Nussallergie, Laktose- und Milcheiweißintoleranz sind Ihnen unter körperlichen Schmerzen wohlbekannt und Sie müssen sich, um die Schmerzen zu vermeiden, strikt an spezielle Ernährungsprogramme halten.

Anfänglich haben Sie unter Ihrem dadurch eingeschränkten Essverhalten noch gelitten und es als sehr schade empfunden, ab sofort auf gewisse Köstlichkeiten verzichten zu müssen. Vielleicht mussten Sie Brot, Gebäck, Aufstriche, Käse, Nudeln oder Süßspeisen von Ihrer Speisekarte streichen. Gemütliche Abende bei gedecktem Esstisch waren für Sie eher Qual als Segen.

Oder befinden Sie sich gerade mitten in diesem kulinarischen Verzichtsprozess und fragen sich, wie Sie jemals wieder mit lachendem Gesicht bei einem genussvollen Essen ganz nach Ihrem Geschmack sitzen können? Nun, vermeiden Sie es tunlichst, sich im großen „Wie koche ich was, damit ich es vertrage"-Dschungel zu verlieren.

Sie und Ihr Körper sind ein Team –
„Backen" wir's an!

Teammitglieder arbeiten bekanntlich miteinander, füreinander und ergänzen sich gegenseitig. In einem Team bringt jedes Mitglied seine persönlichen Stärken und Talente ein, um das Werkl am Laufen zu halten und erfolgreich zu bleiben oder zu werden. Wenn ein Teammitglied schwächelt oder Hilfe braucht, ergänzen andere Mitglieder seine Arbeit oder helfen ihm, wieder auf die Beine zu kommen. Der gemeinsame Fortschritt und Erfolg des Teams stehen immer im Vordergrund. Wenn es mal nicht rund läuft, wird miteinander eruiert warum, und dann mit voller Kraft versucht, Störfelder auszuschalten oder zu kompensieren. Dadurch lernen sich zusätzlich alle Teammitglieder besser kennen und gegenseitig zu achten. Das Bewusstheit, dass sie gut daran tun, an einem Strang zu ziehen und auf ein gemeinsames großes Ziel hinzuarbeiten, steigt. Teammitglieder, die hervorragend zusammenarbeiten, möchten nicht getrennt werden und lieben das gemeinsame Vorwärtsstreben. Miteinander können sie sich entfalten und zu Höchstleistungen anspornen.

Genauso sind Sie und Ihr Körper als Team zu betrachten. Unter dieser Voraussetzung lernen Sie, sich als eine Einheit wahrzunehmen, und machen einen Riesenschritt in Richtung Akzeptanz Ihrer Nahrungsmittelunverträglichkeiten. Das Ergebnis kann nur ein Gewinn für Sie und Ihren Körper sein. Fokussieren Sie sich und Ihren Körper als untrennbare Interessensgemeinschaft, arbeiten Sie für Ihren Körper und er arbeitet für Sie. Führen Sie ihm ausschließlich Stoffe zu, die er leicht und harmonisch umsetzen kann, fahren Sie im Gegenzug die Ernte ein. Denn: Was Sie säen, das ernten Sie auch. Im positivsten Fall fällt Ihre Ernte reich und segensvoll aus, mit einem harmonisch laufenden Verdauungssystem, mit Zellen, die mit Freude und Dankbarkeit zu Ihrem Besten arbeiten und mit entspannten Organen, Schleimhäuten und Verdauungsmuskeln.

Sie sind in der Lage, die Bedürfnisse Ihres Körpers immer besser zu erkennen und zu berücksichtigen. Durch diesen sorgfältigen Umgang mit diesen Bedürfnissen werden Sie zur Meisterin oder zum Meister über Ihre Gesundheit, Ihr körperliches Wohlbefinden und Ihren neu erlangten Genuss beim Essen. Sie sind dann jederzeit in der Lage, mit Ihrem Körper Rücksprache zu halten und seine Signale und Antworten auch hören und erkennen zu lernen.

Sie sind sich dessen bewusst, dass Sie, als ess-sensible Person, spezielle Ess-Bedürfnisse haben, die Sie sich nur selbst erfüllen können. Sie haben es jeden Tag in der Hand, sich für Lebensmittel zu entscheiden, die Ihnen Gutes bringen und Ihr körperliches Wohlbefinden steigern. Achtsamkeit im Umgang mit der Nahrungsmittelauswahl bringt mehr Achtsamkeit in Ihr ganzes Leben.

Die wunderbare Freiheit, die Sie als ess-sensible Person dadurch erleben, dass Sie ab sofort wieder mit Genuss und ohne Angst vor Schmerzen oder sonstigen lästigen Nebenwirkungen essen können, wird Sie begeistern.
   Die jugendliche, kreative Gestaltung dieses Buches wird Ihnen zusätzliche Lust auf schöpferisches Backen und Gestalten bereiten.

Kreuzen Sie nun Ihre Kochlöffel, starten Sie den Mixer, legen Sie Ihre Kochschürze an und stürzen Sie sich ins kreative Backvergnügen!

Ich wünsche Ihnen dabei viel Spaß und gutes Gelingen!

Was sind Breadcakes?

Breadcakes, von mir auch liebevoll Breadies genannt, sind kleine Brötchen in Muffinform, die außer der Gestalt nichts mit den bekannten Muffins oder Cupcakes zu tun haben.

Breadcakes bestehen aus meist hefefreien Brotteigen, können süß oder pikant, rustikal oder kernig sein und werden in Förmchen gebacken. So erhalten sie die küchleinhafte Form. Sie sind leicht zu essen, verderben nicht so schnell, da sie kleiner als herkömmliches Brot sind, und beinhalten durch meine achtsamen Rezeptvarianten jede Menge gesunder, vitaler Nährstoffe, die besonders für Ess-Sensible geeignet sind.

Geschmacklich und in ihrer Herstellung sind sie komplett anders als die bekannten Süßbackwaren Muffins und Cupcakes! Es handelt sich bei Breadcakes® um Brote in kleiner Kuchenform. Bread (Inhalt) & Cake (Form) sozusagen.

Der Clou der Breadcakes besteht darin, dass sie optisch wie Cupcakes aussehen. Hier habe ich bewusst in die Trickkiste gegriffen. Denn die kleinen Brötchen sind mit einem geschmackvollen Topping geschmückt, das jedoch ebenfalls nicht süß, sondern pikant zubereitet wurde. Dies erspart dem genussvollen Esser die Butter auf dem Breadcake und erfreut ihn obendrein mit einem kreativen Topping-Klecks.

Natürlich können Sie die folgenden Breadcakes-Rezepte mit oder ohne Toppings genießen, ganz wie Sie möchten! Beides wird Ihnen munden.

ZUTATEN

Zu Beginn nenne ich Ihnen kurz die wichtigsten Zutaten, die sich für Sie als ess-sensible Person je nach Intoleranz eignen und vor allem auch bei meinen Rezepten verwendet werden. Sie sind leicht verträglich und problemlos von Ihrem Körper umzusetzen. Die angeführten Abkürzungen zeigen Ihnen, welche Zutat für welche Nahrungsmittelintoleranz geeignet ist.

Achten Sie trotzdem auf jeden Fall auf die Sprache und Reaktionen Ihres Körpers und ändern Sie bei Bedarf die eine oder andere Zutat. Sie wissen am besten, was Sie vertragen und was nicht!

Alle angeführten Produkte sind im gut sortierten Reformhandel zu finden. Achten Sie unbedingt darauf, frische, fair produzierte und am besten biologisch-dynamisch angebaute Produkte oder Demeter-Produkte zu kaufen. So leisten Sie einen wichtigen Beitrag zur Nachhaltigkeit in der Lebensmittelindustrie.

Abkürzungen:

HIT:	Histaminintoleranz
GLU:	Glutenintoleranz
LAC:	Lactose- und/oder Milcheiweißintoleranz
FRU:	Fructoseintoleranz
NUT:	Nussallergie

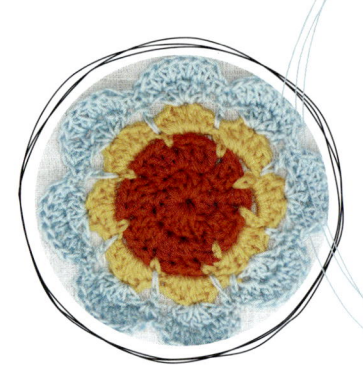

Stärkereduzierte Mehl-Alternativen:

Braunhirse: HIT, GLU, LAC, FRU

Kokosmehl: HIT, GLU, LAC, FRU

Leindottermehl: HIT, GLU, LAC, FRU

Leinmehl: HIT, GLU, LAC, FRU

Mandelmehl: GLU, LAC, FRU

Mohnmehl: (HIT), GLU, LAC, FRU

Rapsmehl: HIT, GLU, LAC, FRU

Schwarzkümmelmehl: HIT, GLU, LAC, FRU

Sesammehl: (HIT), GLU, LAC, FRU

Sojamehl: GLU, LAC, FRU

Süßlupinenmehl: HIT, GLU, LAC, FRU

Traubenkernmehl: HIT, GLU, LAC, FRU

Stärkehaltige Mehl-Alternativen:

Amaranthmehl: HIT, GLU, LAC, FRU

Buchweizenmehl: (HIT), GLU, LAC, FRU

Hanfmehl: HIT, GLU, LAC, FRU

Einkornmehl: HIT, LAC, FRU

Kartoffelstärke: HIT, GLU, LAC, (FRU)

Maismehl: HIT, GLU, LAC, FRU

Maisstärke: HIT, GLU, LAC, FRU

Quinoamehl: HIT, GLU, LAC, FRU

Reismehl: HIT, GLU, LAC, FRU

Teffmehl: GLU, HIT, LAC, FRU

Nussersatz:

Erdmandeln: HIT, GLU, LAC, FRU

Aprikosenkerne: HIT, GLU, LAC, FRU

Backtriebmittel:

Natron: HIT, GLU, LAC, FRU

Weinsteinbackpulver: HIT, GLU, LAC, FRU

Samen/Kerne/Sprossen:

Alfalfa: HIT, GLU, LAC, FRU

Chia-Samen: HIT, GLU, LAC, FRU

Kürbiskerne: HIT, GLU, LAC, FRU

Sesam: (HIT), GLU, LAC, FRU

Sonnenblumenkerne: GLU, LAC, FRU

Schwarzkümmel: HIT, GLU, LAC, FRU

Öle:

Kokosöl: HIT, GLU, LAC, FRU

Kürbiskernöl: HIT, GLU, LAC, FRU

Leinöl: HIT, GLU, LAC, FRU

Mohnöl: HIT, GLU, LAC, FRU

Olivenöl: (HIT), GLU, LAC, FRU

Rapsöl: HIT, GLU, LAC, FRU

Schwarzkümmelöl: HIT, GLU, LAC, FRU

Sesamöl: HIT, GLU, LAC, FRU

Traubenkernöl: HIT, GLU, LAC, FRU

Zucker-Alternativen:

Birkenzucker (Xylitol): HIT, GLU, LAC, (FRU)

Erythritol: HIT, GLU, LAC, FRU

Reissirup: HIT, GLU, LAC, FRU

Stevia: HIT, GLU, LAC, FRU

Traubenzucker: HIT, GLU, LAC, (FRU)

Milch-Alternativen (ungesüßt):

Hafermilch: (HIT), LAC, FRU

Kokosmilch: HIT, GLU, LAC, FRU

Mandelmilch: (HIT), GLU, LAC, FRU

Reismilch: (HIT), GLU, LAC, FRU

Sojamilch: GLU, LAC, FRU

Süßlupinenmilch: HIT, GLU, LAC, FRU

Drunter

Unwiderstehlich leckere Breadcakes-Variationen

Breadcakes

Grundrezept

Zutaten:

› *500 g Mehl*
› *250 ml lauwarmes Wasser*
› *70 ml Öl*
› *1 Pkg. Weinsteinbackpulver*
› *1 ½ TL Salz*
› *etwas Pfeffer*
› *Nüsse, Kerne nach Wahl*

Zubereitung:

1. Backrohr auf 175 °C Heißluft vorheizen. **2.** Mehl mit allen trockenen Zutaten vermengen. **3.** Wasser und Öl zugeben und mit einem starken Holzlöffel gut durchmischen. Der Teig wird etwas weicher und zäh reißend. **4.** Masse in kleine Silikon-Muffinförmchen füllen. **5.** Im Rohr für 70 bis 80 Minuten backen. Von Zeit zu Zeit mit etwas Wasser bestreichen. **6.** Nach dem Auskühlen in Papierformen oder Strickmanschetten stellen.

Je nach Beschaffenheit ergeben alle Rezepte im Buch im Durchschnitt 10–12 Breadcakes.

Lavendel-Rosmarin
Breadcakes

Zutaten:

› 150 g Quinoamehl
› 90 g Reismehl
› 1 EL Traubenkernmehl
› 1 EL Hanfmehl
› 1 EL Maisstärke
› 3 EL Erdmandelmehl
› 2 TL Weinsteinbackpulver
› ½ TL Natron
› 1 ½ TL Salz
› 1 EL Mandelmus, weiß
› 50 g Pinienkerne, ganz
› 100 ml Wasser, lauwarm
› 60 ml Mandelöl
› 5 Tr. Lavendelöl
› 5 Tr. Rosmarinöl
› 3 Zweige Rosmarin,
  abgehobelt und gemörsert
› 2 TL Lavendelblüten
› 1 geh. TL Ingwer, gerieben

Ätherisches Ölwasser zum Bestreichen
während des Backvorgangs:

› 3 TL Wasser, lauwarm
› 1 Tr. Rosmarinöl
› 1 Tr. Lavendelöl
› Lavendelblüten extra zum Bestreuen

↖ 100 % ätherische Öle
aus der Apotheke

ACHTUNG: *Der Konsum von ätherischen
Ölen ist für (Klein-) Kinder nicht geeignet!*

Zubereitung:

1. Den Backofen auf 180 °C Heißluft vorheizen.

2. Mischen Sie sämtliche Mehle, das Salz, Weinsteinbackpulver, Natron und die Pinienkerne in einer großen Schüssel gut durch.

3. Befreien Sie die Rosmarinzweige von den harten Rosmarinblättern und zerkleinern Sie die Blätter in einem Mörser.

4. Lösen Sie die Lavendelblüten von den Stängeln und geben Sie sie zusammen mit dem zerkleinerten Rosmarin zum Mehlgemisch.

5. Reiben Sie den frischen Ingwer auf einer Küchenreibe und mischen Sie ihn in einer zweiten Schüssel mit dem warmen Wasser, dem Mandelöl, dem Mandelmus und den ätherischen Ölen. Rühren Sie das Wasser-Öl-Gemisch kurz durch und gießen Sie es über das Mehlgemisch.

6. Nun nehmen Sie einen stabilen Holzkochlöffel zur Hand und rühren den Teig gut durch. Er sollte zäh reißend sein, sodass Ihnen das Rühren etwas schwerfällt. Sie werden jetzt schon die Aromen der ätherischen Öle wahrnehmen.

7. Füllen Sie nun den zähen Teig in dafür vorbereitete Silikonförmchen. Nun rühren Sie das ätherische Ölwasser zum Bestreichen der noch rohen Brötchen an. Mischen Sie dafür alle oben beschriebenen Zutaten und streichen Sie die Oberfläche der Brötchen damit ein. Sie machen dies, damit die Pinienkerne während des Backvorgangs nicht verbrennen und die Lavendelbrötchen eine angenehme Krume bilden, innen jedoch weich und saftig bleiben.

8. Nun streuen Sie auf jedes Brötchen ein paar violette Lavendelblüten. » AUF DER NÄCHSTEN SEITE GEHT'S WEITER

9. Schieben Sie die Brötchen auf mittlerer Schiene in den Ofen und backen Sie sie bei 180 °C für 15 Minuten.

10. Nach 10 Minuten streichen Sie wieder etwas ätherisches Ölwasser auf die Oberfläche der Brötchen. Wiederholen Sie dies alle 10 Minuten.

11. Nach 5 Minuten bei 180 °C drosseln Sie die Temperatur auf 160 °C und backen die Brötchen weitere 25 Minuten.

12. Nach dieser Backzeit lassen Sie die Brötchen lauwarm auskühlen, lösen sie aus der Silikonform und verpassen ihnen eine nette Papiermanschette.

13. Servieren Sie diese herrlich duftende Köstlichkeit, die noch dazu sehr gesund ist, lauwarm! So können sich die Aromen am besten entfalten.

~

Zu dieser keilenden Köstlichkeit passt hervorragend das Honig-Topping.

Ess-Sensible, aufgepasst!

GLU: Entwarnung, keine Gefahr!

HIT: Statt des weißen Mandelmuses nehmen Sie Erdmandelmus. Ersetzen Sie das Mandelöl durch Sesamöl, den Honig beim Topping durch Reissirup und lassen Sie den Zitronensaft einfach weg!

LAC: Entwarnung, keine Gefahr!

FRU: Beim Topping ersetzen Sie den Honig durch Reissirup.

TIPP

Sie werden bemerken, wie sehr die
heilenden Düfte der ätherischen Öle
Ihre Küche verzaubern! Die Aromen
der Öle verbreiten sich außerdem über
die Mundschleimhaut im ganzen
Körper und dürfen dort ihre gesund-
erhaltende Wirkung entfalten.

Topfen-Breadcakes

mit Sojabohnen und Koriander

Zutaten:

› 500 g Dinkelmehl
› 1 Pkg. Weinsteinbackpulver
› 1 ½ TL Salz
› 20 g Sonnenblumenkerne
› 30 g Sojabohnen, geröstet
› 500 g Bröseltopfen
› 25 g Olivenöl

Strickanleitung für originelle Manschetten, die zu allen Breadcake-Varianten passen, finden Sie im Anhang.

Ess-Sensible, aufgepasst!

GLU: Nehmen Sie statt Dinkelmehl Buchweizenmehl oder Quinoamehl.

HIT: Lassen Sie die Sojabohnen weg und verwenden Sie stattdessen Kürbiskerne oder Pinienkerne.

LAC: Ersetzen Sie den Topfen durch pflanzlichen oder lactosefreien Topfen.

FRU: Entwarnung, keine Gefahr!

Zubereitung:

1. Heizen Sie das Backrohr auf 175 °C Heißluft vor.

2. Das Mehl mit dem Weinsteinbackpulver, dem Salz, den Sonnenblumenkernen und den ganzen Sojabohnen in einer großen Schüssel verrühren.

3. Bröseltopfen und Öl miteinander vermengen und zur Mehlmasse geben.

4. Mit einem stabilen Kochlöffel alle Zutaten unterrühren. Achtung, das kann etwas schwerer sein, da der Teig sehr zäh reißend ist. Wenn er grob rissig ist, ist er bereit für die Förmchen.

5. Füllen Sie nun den Teig in vorbereitete Silikonförmchen und benetzen Sie die Oberfläche des Teiges mit Wasser. Sie können auch ein paar Sonnenblumen- oder Sojakerne auf jedes rohe Brötchen geben.

6. Schieben Sie die Brötchen nun auf mittlerer Schiene für 75 Minuten in den Backofen.

7. Benetzen Sie die Oberfläche der Brötchen in regelmäßigen Abständen mit Wasser. So wird die Krume schön kross und innen sind die Topfen-Brötchen wunderbar zart.

8. Danach aus dem Ofen nehmen und auskühlen lassen.

9. Befreien Sie nun Ihre Brötchen aus der Silikonform und stellen Sie sie in eine hübsche Papierform.

10. Zu diesem Rezept passt fast jedes der angeführten Toppings.

TIPP

Ob als Frühstücks-Brötchen oder als vollwertige Beigabe zum Grillen – dieses Rezept ist eine gesunde, hefefreie Alternative zu herkömmlichem Brot!

Griechische Fetabrötchen

Zutaten:

› 75 g Dinkelmehl
› 75 g Reismehl
› 75 g Kartoffelstärke
› 75 g Dinkelgrieß
› 2 TL Weinsteinbackpulver
› 1 TL Kräutersalz, grobkörnig
› ½ TL Rosmarin, zerstoßen
› 1 TL Basilikum, gehackt
› 25 g Olivenöl
› 80 g Feta, gewürfelt (30 g davon zum Überbacken)
› 50 g getrocknete, eingelegte Tomaten, in Stückchen geschnitten
› 2 cl Balsamicoessig, dunkel
› 100 ml lauwarmes Wasser

TIPP

Diese Brotküchlein schmecken sehr mediterran und eignen sich deshalb hervorragend als leichte Sommerspeise. Die frischen Farben machen Lust auf Ferien und Sommerfeeling. Genießen Sie zu dieser maritimen Köstlichkeit ein Glas gekühlten Weißwein!

Zubereitung:

1. Das Backrohr auf 200 °C Heißluft vorheizen.

2. Dinkelmehl, Reismehl, Kartoffelstärke und Dinkelgrieß mit Weinsteinbackpulver, Kräutersalz, Rosmarin und Basilikum verrühren.

3. Wasser, Olivenöl und Balsamicoessig zugeben und zusammen mit gewürfeltem Feta und Tomatenstückchen unter die Mehlmasse geben. Kräftig mit einem stabilen Kochlöffel untermischen.

4. Die Teigmasse in vorbereitete Silikonförmchen gleichmäßig verteilen, ebenso die 30 g gewürfelten Feta auf den Brotküchlein. Mit etwas Olivenöl bestreichen.

5. Bei 200 °C Heißluft 10 Minuten backen. Danach Temperatur auf 160 °C Heißluft reduzieren und weitere 15 Minuten backen.

6. Noch lauwarm mit einem Topping bestreichen, mit Tomatenwürfeln und Basilikumblättchen garnieren und servieren.

TOPPING
Passende Toppings:
Mascarpone-Topping
Avocado-Koriander-Topping
Frühlingstopping
Topping Crème Tartar

Ess-Sensible, aufgepasst!

GLU: Ersetzen Sie das Dinkelmehl durch Buchweizenmehl, den Dinkelgrieß durch gröberes Maismehl oder Polentamehl.

HIT: Lassen Sie Feta und Tomaten komplett weg! Statt Feta nehmen Sie Ziegen- oder Schaffrischkäse. Statt eingelegter Tomaten frische, rote Paprika. Statt Balsamicoessig verwenden Sie etwas Sumach (Gewürz der Essigbaumfrucht, erhältlich in türkischen Läden). Bei den Toppings lassen Sie die Zwiebeln, Knoblauch und Avocado weg.

LAC: Ersetzen Sie den Feta durch Tofu, den Sie zuvor gut salzen und etwas durchziehen lassen. Die Milchprodukte bei den Toppings ersetzen Sie durchwegs durch 100 g Sojajoghurt, 100 g veganen Frischkäse oder 100 g veganen Topfen. Sie können auch zu lactosefreien Milchprodukten greifen, wenn Sie sie vertragen.

FRU: Nehmen Sie nur die halbe Tomatenmenge oder ersetzen Sie sie durch würzige Pilze. Statt Balsamicoessig nehmen Sie dunkle Sojasoße.

Krosse Pflaumen Breadcakes

Zutaten:

› 1 TL Trockenhefe
› 55 ml lauwarmes Wasser
› 250 ml Joghurt (oder lactosefreies oder Pflanzenjoghurt)
› 100 g Hafermehl
› 250 g Dinkelvollkornmehl
› 150 g Weizenvollkornmehl
› 1 TL Salz
› 1 TL Kümmel
› 2 TL Majoran, getrocknet
› 2 EL Pinienkerne, geröstet
› etwas Pfeffer

Zutaten Füllung:

› Speckpflaumen
› pro Breadcake eine Trockenpflaume
› pro Breadcake eine längs halbierte Scheibe Räucherspeck
› pro Breadcake einen Zahnstocher
› etwas Öl für die Pfanne

Zubereitung:

1. Geben Sie die Trockenhefe zum lauwarmen Wasser und lassen Sie sie an einem warmen Ort stehen.

2. Mischen Sie Mehle, Gewürze, trockene Kräuter, geröstete Pinienkerne und Salz in einer Schüssel zusammen.

3. Mischen Sie alle Zutaten sowie Hefewasser und Joghurt in einer großen Schüssel zu einem Teig. Es kann sein, dass der Teig etwas klebrig ist. Um sich die Arbeit zu erleichtern, können Sie die Knethaken des Handrührgeräts nehmen.

4. Bedecken Sie nun den gekneteten Teig mit einem feuchten Baumwolltuch und lassen Sie ihn für eine Stunde an einem warmen Ort gehen.

5. Kneten Sie den Teig nochmals durch. Füllen Sie jede Silikonform zur Hälfte mit dem Teig. Setzen Sie pro Breadcake eine Speckpflaume hinein und bedecken Sie diese abermals mit Teig (Zahnstocher herausragen lassen oder entfernen). Entfernen Sie den Zahnstocher. Bedecken Sie die Speckpflaume nun abermals mit Teig.

6. Lassen Sie die Breadcakes nochmals für eine halbe Stunde an einem warmen Ort gehen.

7. Heizen Sie das Backrohr auf 200 °C Ober- und Unterhitze vor.

8. Geben Sie die Breadcakes nun auf ein Backblech und backen Sie sie auf mittlerer Schiene für 15 Minuten. Reduzieren Sie danach die Hitze auf 190 °C und backen Sie sie nochmals für 15 Minuten.

9. Benetzen Sie die Breadcakes von Zeit zu Zeit mit etwas Wasser. Nach der Backzeit lassen Sie die Breadcakes für zehn Minuten im noch geschlossenen Ofen ausrasten.

10. Stellen Sie die fertigen Breadcakes in eine hübsche Papierform oder in eine gestrickte Cake-Manschette. Garnieren Sie Ihre Breadcakes nun mit einem Topping Ihrer Wahl oder genießen Sie sie bloß.

» AUF DER NÄCHSTEN SEITE GEHT'S WEITER

Zubereitung Füllung

1. Schneiden Sie die Räucherspeckscheiben längs in die Hälfte. Wickeln Sie sie je um eine Trockenpflaume. Fixieren Sie den Räucherspeck mit dem Zahnstocher, indem Sie ihn durch die Pflaume stoßen.

2. Erhitzen Sie das Öl in der Pfanne, geben Sie die Speckpflaumen hinein. Rösten sie die Speckpflaumen auf beiden Seiten goldbraun, stellen Sie die Pfanne danach auf eine feuerfeste Fläche.

3. Füllen Sie jeden rohen Breadcake mit einer Speckpflaume. Entfernen Sie den Zahnstocher. Backen Sie die Breadcakes nun wie beschrieben.

~

Ess-Sensible, aufgepasst!

GLU: Nehmen Sie glutenfreie Haferflocken aus dem Reformhaus. Backen Sie mit 250 g Buchweizenmehl und 150 g Maismehl.

HIT: Vermeiden Sie die Speckpflaumen, da diese viel Histamin enthalten. Greifen Sie stattdessen zu frischen Pflaumen ohne Räucherspeck. Falls Sie keine Hefe vertragen, backen Sie das Rezept mit 2 Teelöffeln Weinsteinbackpulver und 1 Teelöffel Natron. Verzichten Sie auf das Sojajoghurt.

LAC: Greifen sie zu lactosefreien Milchprodukten oder zu ungesüßten Pflanzenmilchprodukten.

FRU: Verzichten Sie auf Vollkornprodukte und nehmen Sie stattdessen weißes Dinkel- oder Weizenmehl. Lassen Sie die Pflaume weg und füllen Sie die Breadcakes stattdessen mit einer Mischung aus klein geschnittenem, geröstetem Speck und gehackten, gerösteten Walnüssen.

Vollkorntraum

Breadcakes mit Rosenblüten und Mohnöl

Zutaten:

› 300 g Dinkelvollkornmehl
› 100 g Birkenzucker oder 130 g Erythritol
› 150 ml Sojamilch
› 2 TL Rosenblätter, getrocknet, Damaszener Duftrose
› 2 TL Weinsteinbackpulver
› 1 Pr. Salz
› 50 g Mandelmus
› 10 g Mohn
› 20 g Mohnöl
› 20 g Cornflakes
› 2 TL Rosenwasser
› 15 g Marzipanrohmasse, gewürfelt
› Sojamilch zum Bestreichen

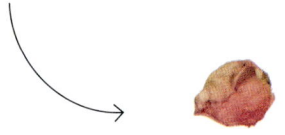

Getrocknete Rosenblätter geben dem Vollkorntraum das besondere Etwas!

Zubereitung:

1. Backrohr auf 200 °C Heißluft vorheizen.

2. Dinkelmehl, Weinsteinbackpulver, Mohn und Salz verrühren.

3. Die Sojamilch mit den getrockneten Rosenblättern und dem Birkenzucker unter Rühren zum Köcheln bringen. Von der Feuerstelle nehmen und drei Minuten ziehen lassen. Die Rosenblätter abseihen und beiseite stellen.

4. Rosenmilch, Mandelmus, Mohnöl und Rosenwasser zur Mehlmischung geben und gut untermischen. Der Teig hat eine etwas klebrige Konsistenz!

5. Zu guter Letzt Cornflakes und die zuvor beiseite gestellten Rosenblätter (aus der Rosenmilch) mit einem stabilen Kochlöffel unter den zähen Teig heben, sodass sie gut verteilt sind.

6. Die Teigmasse in vorbereitete Silikonförmchen füllen, wobei Sie in der Mitte einen Marzipanwürfel verstecken.

7. Bei 200 °C Heißluft 15 Minuten backen. Danach auf 160 °C reduzieren und weitere 20 Minuten backen, bis die Rosen-Breadcakes köstlich goldbraun sind.

TIPP

Diese zarten Rosenblüten-Brötchen eignen sich hervorragend als Muttertags-Frühstück, verziert mit echten Veilchen und Gänseblümchen. Aber auch auf jeden Ostertisch oder zum Afternoon Tea passen sie hervorragend! Genießen Sie dazu eine Tasse grünen oder leichten schwarzen Tee! Sie werden aus dem Schwärmen nicht mehr herauskommen!

» AUF DER NÄCHSTEN SEITE GEHT'S WEITER

Topping

Zu den Rosenblüten-Brötchen
passen hervorragend:

Vanille-Topping
Baby-Caipirinha-Topping
Mascarpone-Topping
Kokos-Topping
Liebliches Rosen-Mohn-Topping

Ess-Sensible, aufgepasst!

GLU: Ersetzen Sie das Dinkelmehl durch 100 g Mandelmehl, 100 g Reismehl und 100 g Kokosmehl.

HIT: Statt Sojamilch verwenden Sie Reismilch, statt Mandelmus nehmen Sie Kokosmus und die Marzipanrohmasse ersetzen Sie durch 2 Esslöffel Reissirup-Erdmandel-Aufstrich oder normalen Reissirup, vermischt mit 5 g geriebenen Erdmandeln.

LAC: Die Milchprodukte bei den Toppings ersetzen Sie durch lactosefreie Milchprodukte oder 100 g Sojajoghurt und/oder 100 g Seidentofu und/oder 100 g Reissahne. Sie können auch veganen Frischkäse oder veganen Topfen probieren.

FRU: Den Birkenzucker ersetzen Sie durch Erythritol (natürlicher, biologischer Zuckerersatz). Die Marzipanrohmasse lassen Sie weg und nehmen stattdessen eine Mischung aus 10 g Kokosmus und 5 g geriebenen Mandeln.

Grüne Luise
Kräuter-Spinat-Breadcakes

Zutaten:

› 100 g Dinkelvollkornmehl
› 300 g gekochte, zerstampfte Kartoffeln
› 100 g Buchweizenmehl
› 200 g Blattspinat (frisch oder aufge-taut), fein gehackt
› 1 Bund Petersilie, fein gehackt
› 1 Bund Schnittlauch, fein gehackt
› ½ Bund Dill, fein gehackt
› 4 Zehen Knoblauch, gepresst
› 2 TL Weinsteinbackpulver

› 2 TL Salz
› 3 EL Olivenöl
› 1 Msp. Muskatnuss, gerieben
› 100 ml lauwarmes Wasser
› 50 g Joghurt (oder lactosefrei-es Joghurt oder Sojajoghurt)
› Cashewfrischkäse (Reform-haus)
› etwas Pfeffer

Ich empfehle
dazu:
Pesto-Topping

Zubereitung:

1. Heizen Sie das Backrohr auf 175 °C Heißluft vor.

2. Verrühren Sie die Mehlsorten mit Weinsteinbackpulver, Salz, zerstampften Kartoffeln, gehacktem Blattspinat, Muskatnuss, Pfeffer und den gehackten Kräutern in einer großen Schüssel.

3. Geben Sie den gepressten Knoblauch zusammen mit dem Joghurt und dem Olivenöl ins lauwarme Wasser und verrühren Sie die Zutaten zu einer sämigen Mixtur.

4. Gießen Sie das Wassergemisch nun zur Mehl-Kräutermischung und verrühren Sie alles mit einem stabilen Holzlöffel. Falls die Masse zu trocken ist, mischen sie noch etwas lauwarmes Wasser, Joghurt oder Olivenöl dazu. Falls Sie zu nass ist, noch etwas Dinkelmehl.

5. Füllen Sie nun den Teig in vorbereitete Silikonförmchen und bestreichen Sie die Oberfläche des Teiges mit etwas Olivenöl. Sie können auch ein paar Pinienkerne auf jeden rohen Breadcake geben.

6. Schieben Sie die Breadcakes nun auf mittlerer Schiene für 75 Minuten in den Backofen.

7. Benetzen Sie die Oberfläche der Breadcakes in regelmäßigen Abständen mit Olivenöl, um eine goldige Kruste zu bekommen.

8. Machen Sie die Fingerprobe – wenn sich die Kruste mit sanftem Widerstand etwas nach unten drücken lässt, sind die Breadcakes fertig. Lassen Sie sie auskühlen.

9. Befreien Sie nun Ihre Breadcakes aus der Silikonform und stellen Sie sie in eine hübsche Papierform oder selbst hergestellte Cake-Manschette.

10. Garnieren Sie Ihre Breadcakes mit dem empfohlenen Topping.

» AUF DER NÄCHSTEN SEITE GEHT'S WEITER

TIPPS

» Frische Kräuter wirken basisch auf den Körper und eignen sich hervorragend, um eine Entschlackungskur einzuleiten. Vor allem die Frühlingszeit regt dazu an, mit den frischen Kräutern vom Wochenmarkt zu experimentieren.

» Die kurze Bärlauchsaison im Mai kann dazu genutzt werden, statt Petersilie frischen Bärlauch zu verwenden. Verarbeiten Sie ihn wie im Rezept für die Petersilie beschrieben. Durch die würzige Note des Bärlauchs können Sie die Salzmenge im Rezept auf einen Teelöffel verringern. Sie werden begeistert sein!

» Knoblauch wirkt entgiftend und cholesterinsenkend. Essen Sie vor allem am Abend vor dem Schlafengehen eine kleine Menge frischen Knoblauch. Cholesterin wird nur im Schlaf abgebaut. Der Knoblauch unterstützt den Körper dabei, während Sie schlafen.

Ess-Sensible, aufgepasst!

GLU: Statt Dinkelvollkornmehl nehmen Sie eine glutenfreie Mehlmischung für Brotteige aus dem Reformhaus. Sie können das Dinkelmehl aber auch durch 50 g Quinoamehl und 50 g Reismehl ersetzen.

HIT: Ersetzen Sie das Buchweizenmehl durch Quinoamehl. Spinat ist stark histaminhaltig – nehmen Sie stattdessen unbedingt mehr frische Kräuter wie Petersilie, Basilikum, Schnittlauch, Dill, etwas Pfefferminze, Thymian, Majoran oder grünen Salat. Lassen Sie die Muskatnuss weg. Beim Topping lassen Sie Ingwer und Pinienkerne weg. Nehmen Sie stattdessen geröstete, gehackte Cashewkerne. Das grüne Pesto ersetzen Sie durch ein selbst hergestelltes Basilikum-Öl-Mus.

LAC: Ersetzen Sie die Milchprodukte durch lactosefreie Erzeugnisse oder zuckerfreie Pflanzenmilchprodukte.

FRU: Die Kartoffeln könnten eventuell Probleme bereiten. Nehmen Sie stattdessen gekochte, zerstampfte Petersilienwurzeln. Lassen Sie den Knoblauch weg. Greifen Sie statt zu Dinkelvollkornmehl zu Roggen- oder Weizenweißmehl. Bärlauch ist für Sie nicht geeignet.

Einhörner

Breadcakes mit Teffmehl

Zutaten:

› 1 TL Trockenhefe
› 55 ml lauwarmes Wasser
› 250 ml Joghurt
  (oder lactosefreies oder Pflanzenjoghurt)
› 200 g Teffmehl
› 200 g Einkornmehl
› 100 g geriebene, geröstete Haselnüsse
› 1 TL Salz
› 2 EL gehackte, geröstete Haselnüsse
› 2 EL Rosmarin

Zubereitung:

1. Geben Sie die Trockenhefe zum lauwarmen Wasser und lassen Sie sie kurz an einem warmen Ort stehen.

2. Mischen Sie Mehle, Rosmarin und Salz in einer Schüssel und geben Sie die geriebenen Haselnüsse hinzu. Rühren Sie das Joghurt unter.

3. Mischen Sie den Teig und das Hefewasser in einer großen Schüssel zusammen und verkneten Sie es miteinander. Es macht nichts, wenn der Teig etwas klebrig ist. Kneten Sie auch die gehackten Haselnüsse unter.

4. Bedecken Sie nun den gekneteten Teig mit einem Baumwolltuch und lassen Sie ihn für eine Stunde an einem warmen Ort gehen.

5. Kneten Sie den Teig nochmals durch.

6. Heizen Sie das Backrohr auf 170 °C Ober- und Unterhitze vor.

7. Bemehlen Sie Ihre Arbeitsfläche und Ihre Hände und formen Sie aus dem Teig kleine Häppchen, die wie ein spitzes Horn eines Einhorns nach oben stehen. Geben Sie die Einhornbrote in kleine Silikonförmchen.

8. Platzieren Sie die Silikonförmchen nun auf einem Backblech und backen Sie die Breadcakes auf mittlerer Schiene für 30 Minuten.

9. Lassen Sie die Einhornbrote für zehn Minuten im noch geschlossenen Ofen ausrasten. Stellen Sie die Einhornbrote in eine hübsche Papierform oder in eine gestrickte Cake-Manschette.

» AUF DER NÄCHSTEN SEITE GEHT'S WEITER

TIPPS

» Einkorn ist glutenreduziert, zählt zu den Urgetreiden und ist äußerst proteinreich, hat viele Mineralstoffe und Carotinoide. Da Einkorn jedoch wenig Schale besitzt, werden Backwaren eher fest. Einkorn hat ein zartes Aroma und kann neben festen Soda-Brotteigen auch für feine Rührteige oder Kekse verwendet werden.

» Teff ist glutenfrei. Teff ist Mehl aus der Zwerghirse und besitzt genügend Bindekraft, um Brötchen gelingen zu lassen. Es hat viel Wasserspeicher, damit Gebackenes lange frisch und saftig bleibt. Teffmehl schmeckt leicht nussig.

Ess-Sensible, aufgepasst!

GLU: Wer Einkorn nicht verträgt, greift lieber zu Quinoamehl.

HIT: Falls Sie keine Hefe vertragen, backen Sie das Rezept mit ½ Pkg. Weinsteinbackpulver.

LAC: Greifen sie zu lactosefreiem Joghurt oder zu ungesüßtem Pflanzenjoghurt.

FRU: Teff und Einkorn sind fructosearm. Wenn Sie diese Mehle dennoch nicht vertragen, greifen Sie zu Weizen- oder Dinkelweißmehl.

Zarte Mona
Pinien-Hafer-Breadcakes

Zutaten:

› 150 g Dinkelmehl
› 150 g Haferflocken, fein
› 1 ½ TL Salz
› 2 TL Weinsteinbackpulver
› 25 g Olivenöl
› 60 ml Wasser
› 60 ml Sojamilch
› 50 g Mandelmus
› 100 g Pinienkerne
› 2 TL Arnikablüten,
  getrocknet (Apotheke)
› 2 TL blaue Malvenblüten,
  getrocknet (Apotheke)
› ½ TL Rosmarin, zerstoßen

Ich empfehl dazu:
feuriges Chili-Sauerrahm-Topping
oder Mascarpone-Topping

TIPP

Zum fein-nussigen Geschmack der Pinien-kerne passt Parmesan hervorragend! Mischen Sie unter die Teigmasse 50 g geriebenen Parmesan oder bestreuen Sie die Oberfläche der Brötchen vor dem Backen mit Parmesan. Lassen Sie sich vom Geschmackserlebnis der Pinien-Hafer-Breadies mit überbackenem Parmesan überraschen! Molto italiano!

Zubereitung:

1. Backrohr auf 200 °C Heißluft vorheizen.

2. Dinkelmehl, Haferflocken, Salz, Weinsteinbackpulver, Arnika- und Malvenblüten mit einem Kochlöffel vermischen.

3. Olivenöl, Wasser, Sojamilch, Mandelmus und Pinienkerne vorsichtig zugeben und gut verrühren, sodass der Teig recht patzig wird.

4. Nun den Teig in vorbereitete Silikonförmchen portionieren und die Teigoberfläche mit Wasser benetzen.

5. Die Brötchen auf ein Blech setzen und mit einem großen Stück Alufolie bedecken. So verbrennen die empfindlichen Pinienkerne an der Oberfläche nicht!

6. Bei 200 °C Heißluft 10 Minuten backen. Danach die Temperatur auf 160 °C reduzieren und weitere 10 Minuten lang backen. Die Alufolie entfernen und nochmals für 10 Minuten weiterbacken. Die Pinienkerne bekommen nun eine attraktive Bräune.

7. Nach dem Backen die Brötchen auskühlen lassen und die Silikonförmchen durch Papierförmchen ersetzen.

8. Das ausgewählte Topping mit einer Spritztülle auf die Pinien-Brötchen geben und mit Arnika- und Malvenblüten bestreuen.

Ess-Sensible, aufgepasst!

GLU: Das Dinkelmehl ersetzen Sie durch 50 g Teffmehl, 50 g Hirsemehl und 50 g Quinoamehl. Die Haferflocken ersetzen Sie durch die gleiche Menge Quinoapops oder Buchweizencornflakes.

HIT: Statt Sojamilch nehmen Sie Hafermilch und das Mandelmus ersetzen Sie durch Erdmandelmus. Die Pinienkerne lassen Sie einfach weg und nehmen stattdessen gepufften Reis.

LAC: Milchprodukte bei den Toppings ersetzen Sie durchwegs durch 100 g Sojajoghurt und/oder 100 g Seidentofu, veganen Frischkäse oder veganen Topfen. Sie können die Zutaten auch anteilig mischen.

Peppino Italiano
Breadcakes mit Oliven

Zutaten:

› 55 ml Olivenöl
› 250 ml Wasser
› 350 g Maismehl
› 150 g Reismehl
› 2 rohe Kartoffeln, gerieben, mittlere Größe
› 1 TL Salz
› 2 TL Weinsteinbackpulver
› 1 TL Natron
› 100 g schwarze Oliven, entsteint
› etwas Pfeffer
› 2 TL Rosmarin
› 2 EL Basilikumblätter, fein geschnitten
› 1 Msp. Muskatnuss, gerieben
› 3 EL Basilikumöl

Besonders gut passt dazu:
Italienisches Topping

Ess-Sensible, aufgepasst!

GLU: Entwarnung, keine Gefahr!

HIT: Lassen Sie die Oliven weg. Nehmen Sie stattdessen frische, grüne Paprika. Verzichten Sie auch auf Muskatnuss und Mozzarella (Topping). Stattdessen können Sie Frischkäse nehmen.

LAC: Entwarnung, keine Gefahr!

FRU: Ersetzen Sie die Kartoffeln durch 270 g gekochten weißen Reis.

Zubereitung:

1. Heizen Sie das Backrohr auf 170 °C Heißluft vor.

2. Mischen Sie Mehle, Weinsteinbackpulver, Natron, Gewürze, Basilikum und Salz in einer großen Schüssel.

3. Verrühren Sie Wasser und Olivenöl, vermengen Sie sie mit den geriebenen Kartoffeln.

4. Geben Sie die Kartoffelmasse nun zur Mehlmischung und arbeiten Sie alles mit einem starken Kochlöffel per Hand durch. Ist der Teig zu staubig, gießen Sie noch etwas Wasser hinzu.

5. Geben Sie nun die entsteinten Oliven zur Masse und rühren Sie sie locker unter.

6. Füllen sie die rohe Teigmasse in vorbereitete Silikonförmchen.

7. Platzieren Sie die Silikonförmchen nun auf einem Backblech und backen Sie die Breadcakes auf mittlerer Schiene für 40 Minuten.

8. Bestreichen Sie die Breadcakes mit einem Wasser-Basilikumöl-Gemisch.

9. Stellen Sie die fertigen Breadcakes nach dem Auskühlen in eine passende Papierform oder in eine gestrickte Cake-Manschette.

10. Garnieren Sie Ihre Breadcakes nun mit einem herzhaften Topping.

TIPP

Bestreichen Sie gegen Ende der Backzeit die Breadcakes mit purem Basilikumöl, um das italienische Aroma noch mehr hervorzuheben.

Weinbeerige Frühstücksfreude

Zutaten:

- › 100 g Dinkelmehl
- › 50 g Buchweizenmehl
- › 50 g Reismehl
- › 100 g Birkenzucker
  oder 130 g Erythritol
- › 2 TL Weinsteinbackpulver
- › 1 Prise Salz
- › 250 g Topfen

- › 50 ml Wasser
- › 50 ml Sojamilch
- › 25 g Öl
- › 70 g Weinbeeren
- › 70 g Crunchy-Bio-Müsli
- › 1 geh. TL Weizenkeime
- › 1 geh. TL goldene Leinsamen

TIPP

Backen Sie diese köstlichen Frühstücks-Brötchen für Ihre Gäste, wenn Sie einen Brunch planen! Sie werden helles Entzücken ernten, wenn Sie die gesunde und geschmackvolle Brötchenalternative servieren!

Zubereitung:

1. Backrohr auf 200 °C Heißluft vorheizen.

2. Dinkelmehl, Buchweizenmehl, Reismehl, Birkenzucker, Weinsteinbackpulver, Weizenkeime, Leinsamen und Salz mit einem Kochlöffel vermischen.

3. Wasser, Sojamilch, Öl, Topfen und Weinbeeren zugeben und gut verrühren.

4. Zuletzt das Crunchy-Bio-Müsli vorsichtig unterheben, sodass die einzelnen Crunchy-Stückchen erhalten bleiben.

5. Den Teig in vorbereitete Silikonförmchen gleichmäßig verteilen und bei 200 °C 10 Minuten backen. Danach die Temperatur auf 160 °C Heißluft reduzieren und 10 Minuten weiterbacken.

6. Die fertigen Brötchen kurz auskühlen lassen, mit Topping verfeinern und noch lauwarm servieren.

TOPPING

Zu dieser süßen Frühstücksfreude passen hervorragend:
Haselnuss-Topping
Kokos-Topping
Banane-Curry-Topping

Ess-Sensible, aufgepasst!

GLU: Ersetzen Sie das Dinkelmehl durch 70 g Reismehl und 30 g Buchweizenmehl. Das Crunchy-Biomüsli tauschen Sie durch 35 g Amaranth-Pops und 35 g Quinoa-Pops aus. Die Weizenkeime ersetzen Sie durch noch einen Teelöffel goldene Leinsamen.

HIT: Ersetzen Sie das Buchweizenmehl durch Braunhirsemehl, die Sojamilch durch Reismilch, die Weinbeeren durch frische Cranberries, die Weizenkeime durch Sonnenblumenkerne. Achten Sie beim Crunchy-Müsli darauf, dass es histaminfrei ist! Lesen Sie die Inhaltsstoffe auf der Packung. Wenn es Honig enthält, nicht verwenden!

LAC: Ersetzen Sie den Topfen durch Seidentofu oder veganen Topfen. Die Milchprodukte bei den Toppings ersetzen Sie durchwegs durch 100 g Sojajoghurt, 100 g Seidentofu, veganen Frischkäse oder veganen Topfen. Sie können sie auch anteilig mischen.

FRU: Ersetzen Sie den Birkenzucker durch 130 g Erythritol (natürlicher, biologischer Zuckeraustauschstoff). Die Weinbeeren werden gegen Haselnüsse ausgetauscht. Bei zusätzlicher Nussallergie: 70 g eingeweichte Erdmandeln.

Gewürzbrötchen

Zutaten:

› 1 TL Trockenhefe
› 200 ml lauwarme Milch (Pflanzendrink)
› 140 g Rohrohrzucker (Birkenzucker oder Erythritol)
› 310 g Dinkelvollkornmehl
› ½ TL Salz
› 115 g Butter oder Pflanzenmargarine
› 1 TL Lebkuchengewürz
› ½ TL Aniskörner
› 100 g Weinbeeren
› 70 g gehackte Walnüsse
› 50 g Haferflocken
› 1 Ei, geschlagen, zum Bestreichen

Ich empfehle dazu:
Walnusstopping

Zubereitung:

1. Verrühren Sie die Hefe mit 100 ml Milch und etwas Rohrohrzucker und stellen Sie sie an einen warmen Ort beiseite.

2. Vermischen Sie Haferflocken, Rohrohrzucker, Gewürze und Salz in einer Schüssel. Verreiben Sie Mehl und Butterflöckchen mit Ihren Fingern, bis die Butter mit dem Mehl gut vermischt ist und geben Sie die Masse dazu.

3. Formen Sie in die Mitte der Mischung eine Mulde und gießen Sie die Hefemilch hinein. Mischen Sie alles locker durch und lassen Sie die Mischung für 20 Minuten an einem warmen Ort gehen.

4. Verarbeiten Sie die Masse mit Ihren Händen zu einem Teig. Geben Sie die verbleibende bloße Milch zur Mehl-Hefe-Mischung hinzu. Schlagen Sie den Hefeteig in der Schüssel gut durch und geben Sie Walnüsse und Weinbeeren dazu. Nochmals schlagen. Bedecken Sie den Hefeteig anschließend mit einem feuchten Baumwolltuch. Lassen Sie den Teig nun für 30 Minuten an einem warmen Ort rasten. Achtung! Der Teig geht nicht sehr auf!

5. Heizen Sie das Backrohr auf 180 °C Ober-/Unterhitze vor.

6. Schlagen Sie den Teig abermals durch.

7. Befeuchten Sie Ihre Hände, reißen Sie faustgroße Stücke vom Teig ab und geben Sie sie in Silikon-Muffinförmchen. Die Hände immer wieder befeuchten, um sich das Einfüllen zu erleichtern.

8. Platzieren Sie die Breadcakes nun auf einem Backblech. Bestreichen Sie sie mit dem geschlagenen Ei. Backen Sie sie auf mittlerer Schiene für 60–70 Minuten.

» AUF DER NÄCHSTEN SEITE GEHT'S WEITER

9. In regelmäßigen Abständen mit Wasser bestreichen, damit die Brötchen nicht austrocknen oder zu zäh werden.

10. Befreien Sie nun Ihre Breadcakes von der Silikonform und stellen Sie sie in eine hübsche Papierform.

11. Garnieren Sie Ihre Breadcakes mit dem empfohlenen Topping oder essen Sie sie einfach mit Butter. Hhhmmm!

~

TIPPS

» Durch das Lebkuchengewürz eignet sich diese Breadcakes-Variante hervorragend für die Weihnachtszeit. Zusammen mit verschiedenen Nüssen, Mandarinen und Orangen lässt sich eine gemütliche Nikolaustafel ausrichten.

» Wer keine Weinbeeren mag, kann stattdessen gehackte Kochschokolade nehmen. Besonders Kinder werden damit ihre Freude haben!

» Wer sensibel auf Hefe reagiert oder eine zeitsparende Backvariante bevorzugt, kann dieses Rezept auch mit Weinsteinbackpulver probieren. Dazu einfach alle Zutaten vermischen, verrühren, verkneten und backen. Die Gehzeit des Teiges fällt weg. Die Textur des Teiges ist jedoch etwas brüchiger als bei Hefeteigen!

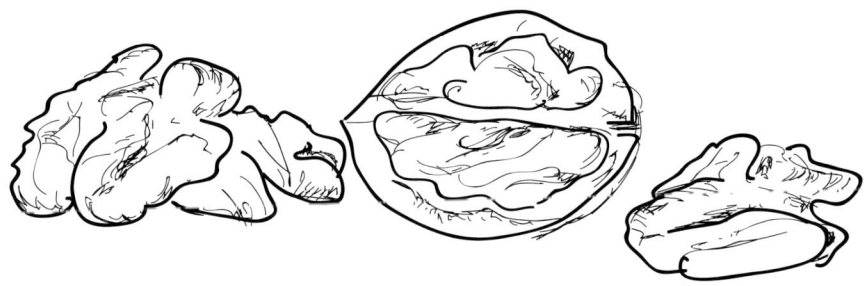

Ess-Sensible, aufgepasst!

GLU: Nehmen Sie eine glutenfreie Mehlmischung aus dem Reformhaus und glutenfreie Haferflocken.

HIT: Da Walnüsse stark histaminhaltig sind, ersetzen Sie sie im gesamten Back- und Toppingrezept durch Haselnüsse. Hefe ist bei histaminintoleranten Personen weitgehend gut verträglich. Sie können die Gehzeit im Rezept jedoch auch verkürzen, um die Hefe nicht zu lange warten zu lassen. Wenn Sie keine Hefe verwenden können, backen Sie das Rezept mit Weinsteinbackpulver nach der gleichen Anleitung. Dadurch reduziert sich die Herstellungszeit. Statt des ganzen Eies nehmen Sie 2 Eigelbe. Lassen Sie die Weinbeeren weg.

LAC: Greifen sie zu lactosefreien Milchprodukten, zu ungesüßtem Pflanzendrink oder Pflanzenmargarine.

FRU: Verzichten Sie auf Vollkornprodukte und grobe Haferflocken und nehmen Sie stattdessen weißes Dinkel- oder Weizenmehl. Statt Haferflocken greifen Sie zu Buchweizenflocken zu gleichen Teilen, wie im Rezept beschrieben. Ersetzen Sie die Weinbeeren durch gehackte Haselnüsse oder Mandeln. Statt Rohrohrzucker nehmen Sie Birkenzucker, Traubenzucker oder Erythritol in der im Rezept beschriebenen Menge. Hefe dürfte keine Probleme bereiten.

Mediterrane Verführung

Zutaten:

› 100 g Dinkelmehl
› 50 g Mandelmehl
› 50 g Maismehl
› 50 g Reismehl
› 2 TL Weinsteinbackpulver
› ½ TL Natron
› 1 Pr. Salz
› 100 ml warme Reismilch

› 100 g Honig oder 130 g Erythritol
› 2 TL Honig oder Reissirup
› 25 g Pflanzenmargarine
› 3 Zitronen, gepresst
› 3 TL Thymian, frisch oder getrocknet
› frische Feigen, geviertelt
› Thymianzweige zum Garnieren

Zubereitung:

1. Den Backofen auf 200 °C Heißluft vorheizen.

2. Vermischen Sie Mehle, Weinsteinbackpulver, Natron, Salz und Thymian in einer großen Schüssel.

3. Erwärmen Sie die Reismilch, um den Honig darin aufzulösen.

4. Die Pflanzenmargarine zum Milch-Honig-Gemisch geben und durch Verrühren darin schmelzen lassen. Zum Schluss gießen Sie noch einen Schuss gepressten Zitronensaft dazu.

5. Nun das Reismilchgemisch nach und nach unter Rühren zur Mehlmischung geben, sodass sich ein kompakter Teig ergibt.

6. Füllen Sie den herrlich duftenden Teig in dafür bereitgestellte Silikonförmchen. Aber Achtung! Nur bis knapp zum Rand, da der Teig sehr aufgeht und so leicht über den Rand quellen und die Form hinunterlaufen kann.

7. Legen Sie nun auf die Teigoberfläche eine geviertelte Feige und drücken Sie sie ein bisschen in den Teig.

8. Um die Glasur anzufertigen, erwärmen Sie unter Rühren den restlichen Zitronensaft mit zwei Teelöffel Honig oder Reissirup.

9. Bestreichen Sie Ihre rohen Brötchen vorsichtig mit Honigglasur und backen Sie diese mediterrane Köstlichkeit mit Heißluft für 10 Minuten auf mittlerer Schiene. Denken Sie daran, die Brötchen in regelmäßigen Abständen mit Honigglasur zu bestreichen.

10. Nun drosseln Sie die Temperatur auf 180 °C Ober- und Unterhitze und bestreichen Ihre Brötchen weiterhin mit Honigglasur.

11. Wenn das Gebäck goldbraun ist und an der Oberfläche nach Honig glänzt, schalten Sie das Backrohr aus und lassen diese duftende Köstlichkeit bei offener Backrohrtüre auskühlen. Falls Sie noch etwas Honigglasur übrig haben, streichen Sie sie noch über die Breadcakes.

12. Servieren Sie Ihre mediterrane Verführung noch lauwarm mit einer Kugel Vanilleeis oder geschlagenem Obers. Garnieren Sie dieses kulinarische Kunstwerk mit einem Thymianzweig. Sehr honiglich!

» AUF DER NÄCHSTEN SEITE GEHT'S WEITER

TIPP

Dieses Rezept eignet sich aufgrund seiner mediterranen Note und der leichten Bekömmlichkeit hervorragend für laue Sommer- oder für gemütliche Winterabende, wenn man den Geschmack und Duft des Sommers herbeisehnt.

TOPPING

Zur leichten Thymian-Feigen-Honig-
Note passen hervorragend:
Mascarpone-Topping
Topfen-Vanille-Topping
Liebliches Rosen-Mohn-Topping

Ess-Sensible, aufgepasst!

GLU: Ersetzen Sie das Dinkelmehl durch Buchweizenmehl.

HIT: Die Zitrone ersetzen Sie durch 1 Teelöffel Vitamin C (Apotheke), in etwas Wasser gelöst (abschmecken). Statt Honig nehmen Sie Reissirup. Achten Sie bei den Feigen darauf, dass sie wirklich frisch sind – je frischer, desto weniger Histamingehalt!

LAC: Die Milchprodukte bei den Toppings ersetzen Sie durchwegs entweder durch 100 g Sojatopfen, 100 g Seidentofu, 100 g Reissahne oder 100 g veganen Frischkäse. Sie können diese auch anteilig mischen.

FRU: Lassen Sie jegliches Obst ganz weg oder ersetzen Sie es durch fructosearmes Obst wie Marillen. Sie können auch je eine Paranuss obenauf setzen. Ersetzen Sie den Honig vollkommen durch Erythritol oder Reissirup.

Rustikale Gaumenfreude

Hefefreie Dinkel-Breadcakes

Zutaten:

- › 750 g Dinkelvollkornmehl
- › 1 ½ TL Salz
- › 70 g Öl
- › 400 ml lauwarmes Wasser
- › 1 ½ Pkg. Weinsteinbackpulver

- › 1 TL Koriandersamen
- › 1 TL Kümmelsamen
- › 1 TL Fenchelsamen
- › 2 EL Sonnenblumenkerne

Ess-Sensible, aufgepasst!

GLU: Ersetzen Sie das Dinkelmehl durch Buchweizenmehl.

HIT: Entwarnung, keine Gefahr!

LAC: Entwarnung, keine Gefahr!

FRU: Entwarnung, keine Gefahr!

Zubereitung:

1. Backofen auf 200 °C Heißluft vorheizen.

2. Mehl mit den Gewürzen, den Sonnenblumenkernen, dem Salz und dem Weinsteinbackpulver vermischen.

3. Öl und Wasser miteinander mischen und unter Rühren zur Mehlmasse geben.

4. Der Teig soll leicht zäh und reißend sein. Verwenden Sie zum Rühren einen Holzkochlöffel. Wenn der Teig zu trocken ist, noch etwas lauwarmes Wasser zugießen.

5. Den Brotteig in die Muffinförmchen füllen. Die Oberflächen jeweils mit Wasser benetzen.

6. Auf dem Blech auf mittlerer Schiene 15 Minuten backen. Dann bei 160 °C weitere 50 Minuten backen.

Kartoffel-Breadcakes

mit Kräutern der Provence

Zutaten:

› 300 g Kartoffeln, gekocht, geschält und durch eine Kartoffelpresse gedrückt
› 50 g Kartoffelstärke
› 50 g Buchweizenmehl oder Braunhirsemehl
› 2 TL Kräuter der Provence
› 1 TL Weizenkeime oder Goldleinsamen
› 1 TL Kräutersalz
› 2 TL Weinsteinbackpulver
› 240 g Hüttenkäse
› 25 g Öl
› 50 ml lauwarmes Wasser
› Pfeffer aus der Mühle

TIPP

Diese hervorragend riechenden und schmeckenden Breadcakes verwöhnen Ihre Sinne und lassen Sie in Gedanken im letzten Sommerurlaub schwelgen! Genießen Sie sie unbedingt warm zu einem Frühlingskräutersalat aus Spitzwegerich, Schafgarbenblättern, Gänseblümchen und Löwenzahnblüten! Laden Sie den Frühling zu sich an den Tisch!

Zubereitung:

1. Den Backofen auf 200 °C Heißluft vorheizen.

2. Die gepressten Kartoffeln mit Kartoffelstärke und Buchweizenmehl (Braunhirsemehl) mit einem Kochlöffel vermischen.

3. Weinsteinbackpulver, Kräutersalz, Kräuter der Provence, Pfeffer und Weizenkeime (Goldleinsamen) miteinander vermischen und zu der Kartoffelmasse geben.

4. Hüttenkäse, Öl und Wasser beigeben und alles mit dem Kochlöffel gut durchrühren. Der Teig ist recht kompakt und erinnert etwas an eine Topfenfüllung.

5. Befüllen Sie nun vorbereitete Silikonförmchen so reichlich mit Teig, dass er über den Rand der Förmchen in einer Halbkugel nach oben hinausragt. Machen Sie dies deshalb, da der Teig durch die Kartoffelmasse nicht sonderlich aufgeht und sonst flach im Förmchen sitzen bleibt.

6. Bestreichen Sie die Oberfläche der Breadcakes noch vor dem Backen mit etwas Öl.

7. Schieben Sie die Breadcakes ins vorgeheizte Backrohr und backen Sie sie bei 200 °C Heißluft auf mittlerer Schiene für 15 Minuten. Drosseln Sie danach die Temperatur auf 160 °C und backen Sie sie nochmals für 15 Minuten.

8. Nehmen Sie die Kartoffel-Breadcakes aus dem Rohr und tauschen Sie die Silikonform durch ein Papierförmchen aus.

9. Servieren Sie diese wunderbar schmeckenden Breadcakes noch warm!

» AUF DER NÄCHSTEN SEITE GEHT'S WEITER

TOPPING

Genießen Sie die Kartoffel-
Breadcakes mit
Topping Crème Tartare
Mascarpone-Topping
Frühlingstopping
Knoblauchtopping
Kürbiskernöl-Topping

Dieses Rezept eignet sich vorzüglich für einen Osterbrunch oder ein leichtes sommerliches Abendessen!

Ess-Sensible, aufgepasst!

GLU: Entwarnung, keine Gefahr!

HIT: Nehmen Sie statt des Buchweizenmehls Braunhirsemehl oder normales Hirsemehl.

LAC: Ersetzen Sie den Hüttenkäse durch 100 g Räuchertofu, den Sie mit einer Gabel gut zerdrücken, durch 100 g veganen Frischkäse und 50 g klein geschnittenen veganen Weichkäse (z.B. Gouda-Geschmack). Die Milchprodukte bei den Toppings ersetzen Sie durchwegs entweder durch 100 g Sojajoghurt, 100 g Seidentofu, 100 g Reissahne oder 100 g veganen Frischkäse. Sie können sie auch anteilig mischen.

FRU: Falls Sie Kartoffeln nicht vertragen, ersetzen Sie die gekochten Kartoffeln durch 150 g Dinkelmehl, 100 g weißes Mandelmus und 50 g Reismehl. Die Kartoffelstärke tauschen Sie durch Maisstärke aus.

American Banana

Süße Bananen-Breadies

Zutaten:

- › 100 g Buchweizenmehl
- › 100 g Haferflocken, zart
- › 100 g Dinkelmehl
- › 120 g Frischkäse
- › 50 g Birkenzucker
  oder 80 g Erythritol
- › 50 g Reissirup

- › 25 g Öl
- › 3 reife Bananen, 2 zerdrückt, 1 gewürfelt
- › 60 ml Wasser
- › 70 ml Sojamilch
- › 2 TL Weinsteinbackpulver
- › 1 TL echte Vanille
- › ½ TL Salz

Zubereitung:

1. Backrohr auf 200 °C Heißluft vorheizen.

2. Buchweizenmehl, Dinkelmehl, Haferflocken, Weinsteinbackpulver, Salz, Birkenzucker und Vanillepulver mit einem Kochlöffel vermischen.

3. Zwei der drei Bananen mit einer Gabel zerdrücken und mit Öl, Wasser, Sojamilch und Reissirup gut verrühren.

4. Bananen-Öl-Mischung und Frischkäse mit der Mehlmischung vermixen.

5. Die dritte Banane in kleine Würfelchen schneiden und unter die Teigmischung heben.

6. Den Teig auf Silikon-Muffinförmchen gleichmäßig verteilen und bei 200 °C Heißluft 15 Minuten backen. Danach die Temperatur auf 160 °C Heißluft reduzieren und weitere 10 Minuten backen.

7. Fertige Breadies auf ein Kuchengitter setzen und auskühlen lassen.

» AUF DER NÄCHSTEN SEITE GEHT'S WEITER

TOPPING

Zu den Bananen-Breadies passen
folgende Toppings vorzüglich:
Baby-Caipirinha-Topping
Kokos-Topping
Mascarpone-Topping

TIPP

*Bereichern Sie Ihre Bananen-Breadies mit anderen
außergewöhnlichen Zutaten, einzeln zugegeben oder
kombiniert, wie z.B.:*
50 g Macadamia Nüssen, *gesalzen und gehackt*
50 g kandiertem Ingwer, *gehackt*
50 g Bananenchips, *in einem Plastiksackerl zerbrochen*
50 g Blueberries *(Schwarzbeeren)*
*Sie werden nicht genug davon bekommen, so köstlich
sind diese vier Variationen!*

Ess-Sensible, aufgepasst!

GLU: Die Haferflocken ersetzen Sie durch die gleiche Menge Quinoa-Pops oder Buchweizencornflakes. Das Dinkelmehl durch 50 g Reismehl und 50 g Kokosmehl.

HIT: Das Buchweizenmehl ersetzen Sie durch Hirsemehl. Statt der Bananen nehmen
Sie 2 frische geriebene Äpfel, vermischt mit 2 EL Reissirup. Statt der Sojamilch
nehmen Sie Hafer- oder Lupinenmilch. Vermeiden Sie bei den Rezeptvariationen
die Macadamia-Nüsse, Bananenchips und den kandierten Ingwer. Greifen Sie zu
frischen Schwarzbeeren.

LAC: Den Frischkäse gegen Seidentofu oder veganen Frischkäse tauschen. Die Milchprodukte bei den Toppings ersetzen Sie durchwegs durch 100 g Sojatopfen und/oder 100
g Seidentofu, veganen Frischkäse oder Sojajoghurt. Sie können die Zutaten auch anteilig mischen.

FRU: Den Birkenzucker durch 80 g Erythritol (natürlicher, biologischer Zuckeraustauschstoff) ersetzen. Die Bananen durch 150 g zerdrückte und zerhackte Maroni oder
2 Handvoll Kokosraspeln, vermischt mit 2 Esslöffeln Kokosmus, ersetzen.

Heiße Maroni

Maroni-Dinkel-Breadcakes

Zutaten:

› 500 g Dinkelvollkornmehl
› 100 g Buchweizenmehl
› 100 g Quinoamehl
› 50 g Amaranthmehl
› 1 EL Traubenkernmehl
› 1 TL Salz
› 1 ½ Pkg. Weinsteinbackpulver
› 70 g Öl
› 400 ml lauwarmes Wasser
› 50 g gekochte, gehackte Maroni
› 1 TL getrockneter Thymian
› 2 EL gehackte Walnüsse,
  pro Weckerl eine Walnusshälfte
  als Garnierung
› 5 Tr. Rosmarinöl
  (Apotheke oder Reformhaus)

Stellen Sie doch selbst Ihr eigenes Maronimus her und geben Sie es als Dip-Beilage zu den Weckerln.

ACHTUNG: *Der Konsum von ätherischen Ölen ist für (Klein-) Kinder nicht geeignet!*

Zubereitung:

1. Backrohr auf 200 °C Heißluft vorheizen.

2. Mehlsorten, Salz, Weinsteinbackpulver, Gewürze, Maronistücke und Walnussstücke miteinander vermengen. Verwenden Sie dazu einen Holzkochlöffel.

3. Mischen Sie das lauwarme Wasser mit dem Rosmarinöl und den 70 g Öl und gießen Sie dieses Gemisch langsam zum Mehl. Mit dem Holzkochlöffel gut vermengen.

4. Wenn der Teig leicht zäh und reißend ist, formen Sie mit nassen Händen kleine Weckerl und platzieren Sie sie auf einem mit Back-papier ausgelegten Blech.

5. Benetzen Sie die Weckerl mit Wasser und geben Sie auf jedes eine Walnusshälfte.

6. Backen Sie die Maroniweckerl 15 Minuten bei 200 °C Heißluft und drosseln Sie die Temperatur danach auf 160 °C. Backen Sie sie wei-tere 50 Minuten. Zum Schutz der Walnüsse legen Sie gegen Ende der Backzeit eine Alufolie über die Weckerl.

7. Aus dem Rohr nehmen und auskühlen lassen.

» AUF DER NÄCHSTEN SEITE GEHT'S WEITER

TIPPS

» *Das aromatische Dufterlebnis des Thymians und Rosmarinöls lässt Sie diese Weckerl bereits vor dem Essen genießen! Thymian und Rosmarin wirken antiseptisch und entzündungshemmend im Körper und fördern Ihr allgemeines Wohlbefinden.*

» *Diese Weckerl, bestrichen mit frischer Zimtbutter, eignen sich hervorragend als Beilage zu winterlichem Kartoffelsalat. Dafür 50 g zimmerwarme Butter mit 1 TL Zimtpulver gut vermischen, eventuell 1 Teelöffel Erythritol oder Honig untermengen.*

Ess-Sensible, aufgepasst!

GLU: Das Dinkelmehl ersetzen Sie durch die gleiche Menge glutenfreier Backmischung.

HIT: Das Buchweizenmehl ersetzen Sie durch 100 g Hirsemehl. Lassen Sie die Walnüsse weg. Wenn Sie wollen, ersetzen Sie sie durch Sonnenblumenkerne und Leinsamen.

LAC: Entwarnung, keine Gefahr!

FRU: Lassen Sie die Maroni weg, wenn Sie sie nicht vertragen. Nehmen Sie stattdessen mehr Walnüsse.

Schottische Haferbrötchen

Zutaten:

› 30 g Butter oder Pflanzenmargarine
› 450 g Dinkelvollkornmehl
› ½ TL Salz
› 115 g feine Haferflocken

› 2 TL Weinsteinbackpulver
› 210 ml Milch (oder lactosefreie Milch oder Pflanzendrink)
› 210 ml Wasser

TIPPS

» Hafer hat das meiste Protein unter den Getreidesorten und ist vor allem in Schottland sehr beliebt. Der stärkende Haferbrei mit dem Namen Porridge liefert in Schottland seit Jahrhunderten Vitamine und Eiweiß zum Frühstück.

» Dieses Brotrezept ist nicht lange haltbar. Es empfiehlt sich, die Breadcakes in maximal zwei Tagen zu verbrauchen.

» Für die würzige Note! Wer Speck oder würzigen Käse mag, kann in die Faustbällchen ein Stück Käse oder ein paar Speckwürfel einarbeiten. Bei diesem Rezept empfiehlt sich würziger Cheddar Cheese. Jedoch Achtung bei Histamin- oder Lactoseintoleranz!

Zubereitung:

1. Heizen Sie das Backrohr auf 180 °C Ober-/Unterhitze vor.

2. Mischen Sie Mehl, Haferflocken, Weinsteinbackpulver und Salz in einer Schüssel und geben Sie die Butter oder Margarine in kleinen Flöckchen hinzu. Verreiben Sie das Mehl-Haferflocken-Gemisch und die Butter mit Ihren Fingern. Es sollen sich Krümel bilden.

3. Geben Sie Milch und Wasser zur Mehlmischung und formen Sie einen weichen Teig. Verarbeiten Sie die Masse nun mit Ihren Händen weiter. Falls der Teig zu klebrig ist, geben Sie noch etwas Mehl und Haferflocken hinzu.

4. Bemehlen Sie Ihre Arbeitsfläche und Ihre Hände und formen Sie aus dem Teig kleine Faustbällchen. Füllen Sie die Faustbällchen in die Silikon-Muffinförmchen. Ritzen Sie die Oberfläche der Faustbällchen mit einem Messer mehrmals ein.

5. Platzieren Sie die Silikonförmchen auf einem Backblech und backen Sie die Breadcakes auf mittlerer Schiene für 30 Minuten.

6. Benetzen Sie die Breadcakes von Zeit zu Zeit mit etwas Wasser, um die Krume nicht austrocknen zu lassen.

7. Befreien Sie Ihre Breadcakes aus der Silikonform und stellen Sie sie in eine hübsche Papierform.

Ess-Sensible, aufgepasst!

GLU: Nehmen Sie eine glutenfreie Mehlmischung aus dem Reformhaus und glutenfreie Haferflocken.

HIT: Entwarnung, keine Gefahr! Verzichten Sie beim Topping auf Sojaprodukte.

LAC: Greifen sie zu lactosefreien Milchprodukten, zu ungesüßtem Pflanzendrink oder Pflanzenmargarine.

FRU: Verzichten Sie auf Vollkornprodukte und grobe Haferflocken und nehmen Sie stattdessen weißes Dinkel- oder Weizenmehl. Statt zu Haferflocken greifen Sie zu Buchweizenflocken zu gleichen Teilen, wie im Rezept beschrieben.

Bauchwohl

Anis-Fenchel-Breadcakes

Zutaten:

› 200 g Buchweizenmehl
› 100 g Dinkelmehl
› 30 g Buchweizen, gepoppt
  (aus dem Reformhaus)
› 2 TL Weinsteinbackpulver
› 1 TL Salz
› 25 g Öl
› 180 ml Buttermilch
› 175 g Kräuterfrischkäse
› 2 TL Anissamen
› 2 TL Fenchelsamen

Zubereitung:

1. Backrohr auf 200 °C Heißluft vorheizen.

2. Buchweizenmehl, Dinkelmehl, Weinsteinbackpulver, Salz, Anis- und Fenchelsamen sowie gepoppten Buchweizen mit einem Kochlöffel vermischen.

3. Öl, Buttermilch und Kräuterfrischkäse dazugeben und vorsichtig untermengen.

4. Den Teig in vorbereitete Silikon-Muffinförmchen füllen und bei 200 °C Heißluft 10 Minuten lang backen. Dann die Temperatur auf 160 °C Heißluft reduzieren und weitere 10 Minuten backen.

5. Das Gebäck auf einem Kuchengitter auskühlen lassen und die Silikonförmchen durch Papierförmchen ersetzen.

6. Das ausgekühlte Frischkäse-Buttermilch-Gebäck mit einem Topping verfeinern. Dazu das ausgewählte Topping in einen Spritzsack füllen und kunstvoll auf die Brötchen spritzen.

TOPPING

Wählen Sie für diese Brötchen
aus folgenden Toppings:
Crème-Tartare-Topping
Avocado-Koriander-Topping
Sauerrahm-Koriander-Topping

Steirermadl

Kürbiskern-Breadcakes

Zutaten:

- › 200 g Dinkelmehl
- › 100 g Braunhirse
- › 2 TL Weinsteinbackpulver
- › 2 TL Salz
- › ½ TL Koriandersamen, zerstoßen
- › 1 Msp. Kümmelpulver
- › 210 g Sojajoghurt
- › 30 g Kürbiskernöl
- › 2 TL Kürbiskernmus
- › 50 g Kürbiskerne
- › 80 ml lauwarmes Wasser
- › Pfeffer aus der Mühle
- › Wasser und Kürbiskernöl zum Bestreichen
- › Kürbiskerne und grobes Salz zum Bestreuen

Verblüffen Sie Ihre Familie oder Gäste mit dieser einfachen und doch außergewöhnlichen Brötchenvariante!

Zubereitung:

1. Backrohr auf 200 °C Heißluft vorheizen.

2. Dinkelmehl, Braunhirse, Weinsteinbackpulver, Salz, reichlich Pfeffer, Koriander, Kümmelpulver und Kürbiskerne mit einem Kochlöffel verrühren.

3. Sojajoghurt, Kürbiskernöl, lauwarmes Wasser und Kürbiskernmus zugeben und mit dem Kochlöffel erneut gut durchmischen. Die Masse hat eine reißend cremige Konsistenz.

4. Nun den Teig gleichmäßig auf bereitgestellte Silikonförmchen verteilen.

5. Zuerst mit Wasser bestreichen. Nun die Kürbiskerne und das grobe Salz darüberstreuen und etwas in die Teigoberfläche drücken.

6. Zuletzt das Kürbiskernöl über die Breadcakes streichen und bei 200 °C 15 Minuten backen. Dann die Temperatur auf 160 °C reduzieren und weitere 20 Minuten backen. Die „Steirermadln" bekommen eine knusprige, goldbraune Oberfläche und eine attraktive Krume!

7. Entweder auskühlen lassen oder noch lauwarm servieren.

TIPP

Diese rustikalen und äußerst gesunden und bekömmlichen Kürbiskernbrötchen passen hervorragend zu Endiviensalat mit lauwarmen Kartoffeln und Knoblauch! Oder genießen Sie sie einfach mit frischer Butter.

» AUF DER NÄCHSTEN SEITE GEHT'S WEITER

TOPPING

*Falls Sie zu einem Topping
tendieren, empfiehlt es sich,
folgende Toppings zu nehmen:*
Knoblauch-Topping
Kürbiskern-Topping

Ess-Sensible, aufgepasst!

GLU: Ersetzen Sie das Dinkelmehl durch 100 g Buchweizenmehl und 100 g Quinoamehl.

HIT: Ersetzen Sie das Sojajoghurt durch normales Joghurt bzw. durch veganen Frischkäse oder veganen Topfen.

LAC: Die Milchprodukte bei den Toppings ersetzen Sie durchwegs durch 100 g Sojajoghurt und/oder 100 g Seidentofu, veganen Frischkäse oder Sojatopfen.

FRU: Entwarnung, keine Gefahr!

Nice Surprise

Breadcakes auf Englisch

Zutaten:

› 225 g Dinkelmehl
› 55 g pflanzliche Margarine,
  gewürfelt
› 1 TL Weinsteinbackpulver
› ½ TL Salz
› 130 ml Sojamilch (oder weniger)
› etwas Preiselbeermarmelade

Zubereitung:

1. Den Backofen auf 200 °C vorheizen.

2. Dinkelmehl mit Weinsteinbackpulver und Salz in eine große Schüssel geben und vermischen.

3. Margarinewürfel auf die Mehlmischung geben und mit dem Mehl verreiben. Es sollen Mehlkrümel entstehen.

4. Die Sojamilch untermischen und gut verrühren. Der Teig ist sehr weich.

5. Nun den Teig in der Schüssel etwas verkneten oder mit dem Kochlöffel treiben.

6. Den Teig mit einem Esslöffel auf vorbereitete Silikonförmchen verteilen. In die Mitte einen Miniklecks Preiselbeermarmelade setzen und mit Teig bedecken. Das ist die „nice surprise".

7. Oberfläche des rohen Teiges mit Sojamilch einpinseln und 15 Minuten goldbraun backen.

8. Auskühlen lassen und mit Mascarpone-Topping und einem Klecks Preiselbeermarmelade sowie einem Minzeblatt verzieren.

TIPP

Haben Sie Lust auf einen englischen Afternoon Tea? Dann sind Sie mit diesem Rezept goldrichtig! Diese feinen Cakes sind der Inbegriff englischer Noblesse und schmecken mit Earl Grey besonders gut! Also dann, laden Sie Ihre Gäste ein und genießen Sie „The British way of life"!

Französisches Rendezvous

Blauschimmelkäse trifft Portwein

Zutaten:

- › 100 g Weizenmehl
- › 200 g Dinkelmehl
- › 1 säuerlicher Apfel mit Schale
- › 50 g Walnüsse, gehackt
- › 50 g getrocknete, weiche Apfelringe, in Würfel geschnitten
- › 170 g Blauschimmelkäse, würzig
- › 25 g Rapsöl
- › 65 ml Sojamilch
- › 65 ml Wasser, lauwarm
- › 20 g Weinsteinbackpulver
- › 2 TL Salz
- › 1 TL Koriandersamen, zerrieben
- › Pfeffer

Zubereitung:

1. Das Backrohr auf 200 °C Heißluft vorheizen.

2. Weizenmehl, Dinkelmehl, Backpulver, Salz, zerriebene Koriandersamen, gehackte Walnüsse und reichlich Pfeffer mit einem starken Kochlöffel in einer großen Schüssel verrühren.

3. Die Apfelringe in Würfel schneiden. Den Apfel waschen und mit Schale auf einer Küchenreibe grob aufreiben. Den Blauschimmelkäse in kleine Würfel schneiden und beiseitestellen. Eine Handvoll Blauschimmelkäsewürfel davon ebenfalls beiseitestellen.

4. Gewürfelte Apfelringe und den aufgeriebenen Apfel unter die Mehlmischung rühren.

5. Lauwarmes Wasser, Sojamilch und Rapsöl über die Apfel-Mehlmischung gießen und gut unterrühren, sodass eine zähe, homogene Masse entsteht.

6. Die größere Menge Blauschimmelkäsewürfel vorsichtig unter die zähe Apfel-Teigmasse geben und sachte verrühren, sodass sich die Käsewürfel in der gesamten Teigmasse gut verteilen.

7. Mit einem Esslöffel den Teig portionsweise in vorbereitete Silikon-Muffinförmchen füllen. Die Oberfläche mit Wasser benetzen.

8. Die beiseitegestellte Handvoll Käsewürfel auf den noch rohen Brötchen verteilen. Die Brötchen auf ein mit Backpapier ausgelegtes Backblech setzen (es kann sein, dass der Käse überläuft).

9. Bei 200 °C Heißluft 15 Minuten backen. Danach die Temperatur auf 160 °C Heißluft zurückschalten und weitere 25 Minuten backen. Damit der Käse an der Oberfläche nicht zu braun wird, können Sie das Gebäck mit Alufolie abdecken.

10. Nach dem Backen die Brötchen in den Förmchen etwas auskühlen lassen und warm servieren.

» AUF DER NÄCHSTEN SEITE GEHT'S WEITER

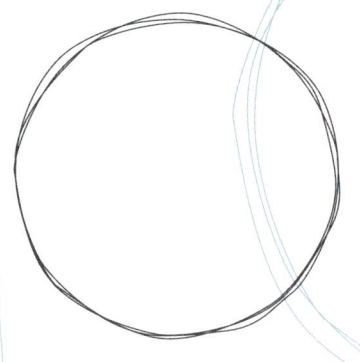

TIPPS

» Zu den französischen Apfel-Brötchen mit Blauschimmelkäse passt auch das Frühlings-Topping hervorragend.
Wenn Sie möchten, lassen Sie einfach die Frühlingszwiebel weg und ersetzen Sie sie durch weitere zwei
Knoblauchzehen.

» Diese Brötchen passen hervorragend als Vorspeise! Einfach Frühlingssalat zubereiten und die Brötchen in die
Mitte des Salates auf den Teller setzen. Et voilá! Fertig
ist der französische Gaumenschmaus!

Ess-Sensible, aufgepasst!

GLU: Ersetzen Sie das Dinkelmehl durch Buchweizenmehl und das Weizenmehl durch Reismehl.

HIT: Weizen- und Dinkelmehl durch Quinoa- und Reismehl ersetzen. Walnüsse und Blauschimmelkäse ebenfalls weglassen, sowie die Sojamilch durch Reismilch ersetzen. Anstatt des Blauschimmelkäses braten Sie 4 Scheiben Mochi (Reisprodukt in Form einer Rolle – erhältlich im gut sortierten Reformfachhandel) mit viel Salz und Pfeffer in einer Pfanne heraus und geben Sie ihn klein gewürfelt zum Teig. Sie können auch sojafreien Blauschimmelkäse aus dem Kühlregal nehmen (Reformfachhandel). Statt getrockneten Apfelringen nehmen Sie frische Apfelscheiben. Suchen Sie sich statt des Portwein-Toppings ein anderes aus.

LAC: Ersetzen Sie den Blauschimmelkäse durch würzigen, veganen Käse. Die Milchprodukte bei den Toppings ersetzen Sie durchwegs durch 100 g Sojajoghurt, 100 g Seidentofu, veganen Topfen oder veganen Frischkäse.

FRU: Ersetzen Sie die Äpfel durch eine geriebene Kartoffel (wenn Sie sie vertragen) oder 4 EL weiches Okara (Sojaprodukt, erhältlich in asiatischen oder Thai-Läden) und lassen die Apfelringe komplett weg! Stattdessen nehmen Sie um 50 g mehr würzigen (veganen) Käse.

NUT: Die Walnüsse ersetzen Sie durch geröstete Kürbiskerne oder Sonnenblumenkerne.

Asian Lady
Reismehl-Kokos-Breadcakes

Zutaten:

› 100 g Reismehl
› 60 g Kokosmehl
› 20 g Maisstärke
› 20 g Kartoffelstärke
› 150 g Reis, gekocht
› 2 TL Weinsteinbackpulver
› 50 g Cashewkerne, gehackt
  oder 50 g Maroni, gekocht und gehackt
› 65 ml Wasser
› 150 ml Sojamilch
› 100 ml Kokosmilch
› 40 g Koksraspeln
› 25 g Kokosöl
› 100 g Birkenzucker oder 130 g Erythritol
› 1 TL Zimt
› 1 Prise Salz
› 5 cl Zitronensaft

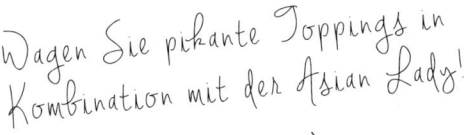

Wagen Sie pikante Toppings in Kombination mit der Asian Lady!

TOPPING

Zu den Reismehl-Kokos-Ladies passen folgende Toppings hervorragend:
Französisches Portwein-Topping
Mascarpone-Topping
Knoblauch-Topping
Schnittlauch-Topping
Baby-Caipirinha-Topping

Zubereitung:

1. Backrohr auf 160 °C Heißluft vorheizen

2. Reismehl, Kokosmehl, Mais- und Kartoffelstärke, Weinsteinbackpulver, Kokosraspeln, Birkenzucker/Erythritol, Zimt, Salz und gehackte Cashewkerne (Maroni) miteinander verrühren.

3. Wasser, Sojamilch, Kokosmilch, Kokosöl und Zitronensaft untermischen. Zuletzt den gekochten Reis unterheben.

4. Den Teig auf Silikon-Muffinförmchen verteilen und 30 Minuten
   backen.

5. Die fertig gebackenen „Asian Ladies" auf ein Kuchengitter setzen
   und etwas auskühlen lassen.

6. Lauwarm serviert, zergehen sie Ihnen auf der Zunge!

~

Ess-Sensible, aufgepasst!

GLU: Entwarnung, keine Gefahr!

HIT: Ersetzen Sie die Cashewkerne durch Erdmandeln oder Macadamia Nüsse. Statt
Sojamilch nehmen Sie Reismilch.

LAC: Verwenden Sie bei den Toppings Sojatopfen, Sojajoghurt oder veganen Topfen aus
dem Reformhaus.

FRU: Nehmen Sie statt 20 g Maisstärke 40 g Maisstärke und lassen Sie die Kartoffelstärke ganz weg.

NUT: Erdmandeln (eingeweicht) oder Aprikosenkerne verwenden.

Hüttenkäse-Brotzeit
Mit Frühlingszwiebeln

Zutaten:

› 100 g Dinkelmehl
› 100 g Reismehl
› 100 g Kartoffelstärke
› 2 TL Salz
› 2 TL Weinsteinbackpulver
› 250 g Kräuter-Hüttenkäse
› 2 Frühlingszwiebeln,
  in Ringe geschnitten
› 2 Knoblauchzehen, gepresst
› 20 g Öl
› 30 ml Sojamilch

› 30 ml lauwarmes Wasser
› reichlich Pfeffer aus der Mühle
› etwas Öl zum Bestreichen

Ess-Sensible, aufgepasst!

GLU: Dinkelmehl durch glutenfreies Mehl ersetzen bzw. durch 50 g Buchweizen- und 50 g Quinoamehl.

HIT: Frühlingszwiebeln und Knoblauchzehen durch frische Kresse und Lauch ersetzen. Sojamilch gegen Reis- oder Hafermilch austauschen.

LAC: Den Kräuterfrischkäse gegen Seidentofu, mit Kräutern versetzt, oder veganen Kräuterfrischkäse auswechseln. Die Milchprodukte bei den Toppings ersetzen Sie durchwegs durch 100 g Sojajoghurt und/oder 100 g Seidentofu, veganen Frischkäse oder Sojatopfen. Sie können die Zutaten auch anteilig mischen oder lactosefreie Milchprodukte nehmen.

FRU: Frühlingszwiebeln und Knoblauch durch frische, würzige Kräuter wie Minze, Zitronenmelisse, Basilikum oder Zitronenverbene ersetzen.

Zubereitung:

1. Backrohr auf 200 °C Heißluft vorheizen.

2. Dinkelmehl, Reismehl, Kartoffelstärke, Weinsteinbackpulver, Salz und reichlich Pfeffer untermischen.

3. Kräuter-Hüttenkäse, Öl, Sojamilch, lauwarmes Wasser und Frühlingszwiebelringe beimischen und den Knoblauch, durch eine Knoblauchpresse gedrückt, dazugeben.

4. Den Teig gut durchmischen und in vorbereitete Silikonförmchen füllen. Mit reichlich Pfeffer aus der Mühle bestreuen.

5. Bei 200 °C Heißluft 15 Minuten backen, danach die Temperatur auf 160 °C reduzieren und weitere 25–30 Minuten backen.

6. Streichen Sie die Oberfläche der Breadcakes immer wieder mit etwas Öl ein, so wird sie schön kross!

Diese Brotzeit schmeckt hervorragend frisch mit Radieschen-Topping

TIPP

Die Hüttenkäse-Frühlingszwiebel-Brotzeit schmeckt sehr rustikal und eignet sich deshalb hervorragend als Jause oder pikante Mahlzeit. Gemeinsam mit grünem Salat gibt sie, lauwarm genossen, ein leicht verdauliches und schmackhaftes Mittagessen ab!

Bienchen Lupinchen
oder: Streifen machen lustig!

Zutaten:

- › 400 ml lauwarmes Wasser
- › 50 ml Olivenöl
- › 250 g Lupinenmehl
- › 150 g Einkornmehl
- › 100 g Hafermehl
- › 2 rohe, mittelgroße
  Kartoffeln, gerieben
- › 2 TL Weinsteinbackpulver
- › 1 TL Salz
- › 4 EL schwarzer Sesam
  (plus extra zum Bestreuen)

- › 80 g Schwarzkümmelpaste
  (Orientshop – meist Libanon)
- › 80 g Tahin (Sesammus – Reformhaus oder Orientshop)
- › 2 geh. EL Hafermehl
- › 1 TL Schwarzkümmelöl

Ess-Sensible, aufgepasst!

GLU: Nehmen Sie Quinoamehl statt Einkornmehl.

HIS: Schwarzkümmelöl und Schwarzkümmelmus sind unbedenklich bei Histaminintoleranz. Tahin und Sesam sind mit Vorsicht zu verwenden aufgrund von Kreuzreaktionen. Wer sich unsicher ist, nimmt statt des Tahins noch mehr Schwarzkümmelmus und Schwarzkümmelöl.

LAC: Entwarnung, keine Gefahr!

FRU: Entwarnung, keine Gefahr!

Zubereitung:

1. Backrohr auf 175 °C Heißluft vorheizen.

2. Mehle, Weinsteinbackpulver, schwarzen Sesam und Salz in einer Schüssel verrühren.

3. Geben Sie nun Öl, Wasser und die geriebenen Kartoffeln hinzu und verrühren Sie die Masse. Mixen Sie mit den Knethaken des Handrührgeräts alles durch. Der Teig ist etwas zäh reißend.

4. In einer separaten Schüssel vermengen Sie Schwarzkümmelpaste, Tahin, 2 geh. Esslöffel Hafermehl und Schwarzkümmelöl gründlich miteinander.

5. Füllen Sie sie nun abwechselnd helle und dunkle und helle Masse in Schichten in kleine Silikonförmchen.

6. Streuen Sie zum Schluss etwas schwarzen Sesam auf jedes rohe Brötchen.

7. Betupfen Sie die Oberfläche der Breadcakes mit etwas Schwarzkümmelöl.

8. Stellen Sie die Silikonförmchen nun auf ein Backblech und backen Sie die Breadcakes auf mittlerer Schiene für 45 Minuten.

9. Nehmen Sie die Breadcakes aus dem Rohr und lassen Sie sie vollständig auskühlen. Stellen Sie sie danach in eine Papierform oder in eine gestrickte Breadcake-Manschette.

Wenn Sie die Breadcakes längs durchschneiden, kommt ein lustiges schwarz-gelbes Bienenmuster zum Vorschein.

TIPP

Schwarzkümmel wirkt sich äußerst beruhigend und regenerierend auf Magen, Darm und Organe aus. Jeden Tag ein Esslöffel pures Schwarzkümmelöl kurbelt die Verdauung an, wirkt entgiftend und beruhigt bei Sodbrennen, Magendruck oder Übelkeit.

Früchtetraum

Marille-Mandel-Breadcakes

Zutaten:

- › 100 g Mandelmehl
- › 50 g Reismehl
- › 80 g Erdmandelmehl
- › 3 EL Traubenkernmehl
- › 130 g Erythritol oder
  100 g Birkenzucker
- › 2 TL Weinsteinbackpulver
- › ½ TL Natron
- › 1 Pr. Salz
- › 70 g Mandeln, gehackt
- › 200 g Topfen

- › 60 g Mandelmus, weiß
- › 100 ml Mandelmilch
- › 25 g Pflanzenmargarine,
  zimmerwarm
- › Hagelzucker zum Bestreuen
- › Marillenspalten und Zitronen-
  melisseblätter zum Dekorieren

Zutaten Füllung:

- › 40 g Marzipan, gewürfelt
- › 3 Marillen, sehr reif, gewürfelt

Ess-Sensible, aufgepasst!

GLU: Entwarnung, keine Gefahr!

HIT: Falls Sie empfindlich auf Mandeln reagieren, lassen Sie sie lieber weg. Auch das Marzipan weglassen!

LAC: Den Topfen ersetzen Sie durch veganen Topfen oder Seidentofu.

FRU: Marillen enthalten wenig Fructose. Falls Sie sie jedoch nicht vertragen, lassen Sie sie lieber weg, sowie auch das Marzipan. Ein Klecks Reissirup-Mandel-Aufstrich oder „Erdzipan" (Marzipan aus Erdmandeln) ersetzt gefahrlos die fruchtig-marzipanige Füllung. Achten Sie unbedingt darauf, dass Sie ungezuckerte Mandelmilch verwenden!

Zubereitung:

1. Backrohr auf 200 °C Heißluft vorheizen.

2. Mehle, Salz, Weinsteinbackpulver, Natron und gehackte Mandeln in einer Schüssel vermischen.

3. Die Mandelmilch leicht wärmen und mit Mandelmus, Topfen, Erythritol/ Birkenzucker und Pflanzenmargarine gut durchmixen.

4. Nun die Mehlmischung langsam unter ständigem Rühren der Mandelmus-Mischung zugeben und den Teig zu einer gut rührbaren Konsistenz vermischen.

5. Den Boden von Silikon-Muffinförmchen mit Teig bedecken.

6. Jetzt kommt das gewisse Etwas: Geben Sie in jedes halbvolle Förmchen ein paar gewürfelte Marillen und gewürfeltes Marzipan!

7. Bedecken Sie diese köstlich-fruchtige Füllung mit dem restlichen Teig und streuen Sie Hagelzucker darüber.

8. Schieben Sie Ihre unwiderstehlichen Küchlein auf die mittlere Schiene Ihres Ofens und backen Sie sie für 10 Minuten.

9. Drosseln Sie die Temperatur auf 180 °C Heißluft und backen Sie Ihre Marillen-Mandel-Küchlein weitere 30 Minuten.

10. Lassen Sie die Küchlein im Rohr auskühlen, geben Sie sie in süße Papierförmchen und servieren Sie Ihre Bäckerei mit Mascarpone-Topping, dem Sie eine Marillenspalte und ein Zitronenmelissen-blatt aufsetzen.

Tausendundeine Nacht

Orientalische Breadcakes

Zutaten:

› 150 g Dinkelmehl
› 150 g Weizenvollkornmehl
› 2 TL Weinsteinbackpulver
› 1 Pr. Salz
› 25 g Öl
› 100 g Rohrohrzucker/Birkenzucker
  oder 130 g Erythritol
› 20 g goldener Leinsamen
› 80 g Walnüsse, gerieben
› 50 g braune Mandeln, gehackt
› 50 g kandierter Ingwer, gewürfelt
› 180 ml Schlagsahne, flüssig
› 40 ml lauwarmes Wasser
› 1 Msp. Cardamompulver
› Je 1 TL Zimt, Pimentpulver,
  Ingwerpulver, Sternanispulver,
  zerriebene Koriandersamen,
  Anissamen

Zutaten Füllung:

› Getrocknete Feigen, Datteln,
  Zwetschken, Maroni, Rohmarzipan
  in 2 cm großen Stücken

TOPPING

Als Süßspeise werden diese arabi-
schen Köstlichkeiten mit Vanillesoße
oder folgenden Toppings verfeinert:
Mascarpone-Topping
Vanille-Topping
Haselnuss-Topping
Banane-Curry-Topping

Zubereitung:

1. Backrohr auf 200 °C Heißluft vorheizen.

2. Dinkelmehl, Weizenvollkornmehl, Weinsteinbackpulver, Salz, braunen Zucker, Gewürze, Leinsamen, gehackte Mandeln und gewürfelten kandierten Ingwer mit einem Kochlöffel gut untermischen.

3. Öl, lauwarmes Wasser und flüssige Schlagsahne zugeben und mit der Mehlmischung kräftig verrühren. Der Teig ist etwas zäh!

4. Mit einem Esslöffel den Teig auf vorbereitete Silikonförmchen verteilen und auf jedes Förmchen eine getrocknete Frucht Ihrer Wahl oder Marzipanstücke geben. Nochmals mit einem Klecks Teig abdecken. Zum Schluss mit etwas flüssiger Schlagsahne bestreichen.

5. Im Rohr bei 200 °C Heißluft 15 Minuten backen. Danach die Temperatur auf 160 °C Heißluft reduzieren und weitere 17 Minuten backen.

6. Aus dem Rohr nehmen und abkühlen lassen.

TIPP

Dieses Süßgebäck verströmt ein würziges Aroma von Tausendundeiner Nacht bei Ihnen zuhause! Lassen Sie sich von den Düften verzaubern und genießen Sie die Stimmung, wenn dieses Gebäck während des Backvorgangs sein Aroma versprüht. Es ist für die Sommerparty genauso passend wie im Herbst oder Winter als Alternative zum traditionellen Lebkuchen.

» AUF DER NÄCHSTEN SEITE GEHT'S WEITER

Ess-Sensible, aufgepasst!

GLU: Ersetzen Sie das Dinkelmehl durch Buchweizenmehl und das Weizenvollkornmehl durch 100 g Reismehl und 50 g Mandelmehl.

HIT: Ersetzen Sie das Weizenvollkornmehl durch 100 g Reismehl und 50 g Kokosmehl, die geriebenen Walnüsse durch geriebene Erdmandeln und die gehackten Mandeln durch Sonnenblumen- oder Pinienkerne. Statt kandiertem Ingwer nehmen Sie echten, in kleine Stückchen geschnittenen Ingwer. Verzichten Sie auf das Trockenobst sowie das Marzipan. Nehmen Sie stattdessen als Füllung einen Klecks Reissirup-Erdmandel-Aufstrich oder normalen Reissirup oder lassen Sie die Füllung ganz weg.

LAC: Ersetzen Sie die Schlagsahne durch Reis-, Soja- oder Hafersahne. Die Milchprodukte bei den Toppings ersetzen Sie durchwegs durch 100 g Sojajoghurt, 100 g Seidentofu, veganen Frischkäse, Sojatopfen oder Reissahne. Sie können die Zutaten auch anteilig mischen.

FRU: Ersetzen Sie den Rohrohrzucker durch 130 g Erythritol (natürlicher, biologischer Zuckeraustauschstoff), den kandierten Ingwer durch echten, in kleine Stückchen geschnittenen Ingwer. Tauschen Sie das Marzipan durch 2 EL Reissirup-Mandel-Aufstrich oder „Erdzipan" (Marzipan aus Erdmandeln – achten Sie auf den für Sie passenden Zuckergehalt) aus. Lassen Sie das Trockenobst komplett weg!

NUT: Ersetzen Sie die geriebenen Walnüsse durch geriebene Erdmandeln und die gehackten Mandeln durch Sonnenblumen- oder Pinienkerne.

Servieren Sie das Gebäck aus Tausendundeiner Nacht als krosse Beilage zu Lammfleisch oder Curry-Gerichten und genießen Sie das arabische Flair bei Ihnen zuhause!

Köstlicher Ingwer, eine der vielen Zutaten
dieses orientalisch angehauchten Breadcakes!

Roggen-Breadcakes

mit Dinkel- und Roggenmehl

Zutaten:

› 1 TL Trockenhefe
› 55 ml lauwarmes Wasser
› 250 ml Milch (oder lactosefreie
  oder Pflanzenmilch)
› 250 g Roggenmehl
› 250 g Dinkelvollkornmehl
› 1 TL Salz
› 30 g Honig oder Birkenzucker/
  Erythritol (optional)

Ich empfehle dazu:
Butter-Käse-Topping

Zubereitung:

1. Geben Sie die Trockenhefe zum lauwarmen Wasser und lassen Sie sie an einem warmen Ort stehen. Wärmen Sie mittlerweile die Milch.

2. Mischen Sie Mehle und Salz in einer Schüssel und geben Sie den Honig (Birkenzucker, Erythritol) hinzu.

3. Mischen Sie alle Zutaten mit dem Hefewasser in einer großen Schüssel zusammen und verkneten Sie sie zu einem Teig. Es macht nichts, wenn der Teig etwas klebrig ist. Um sich die Arbeit zu erleichtern, können Sie die Knethaken des Handrührgeräts nehmen.

4. Bedecken Sie den gekneteten Teig mit einem Baumwolltuch und lassen Sie ihn über Nacht an einem kühlen Ort gehen.

5. Kneten Sie den Teig nochmals durch.

6. Bemehlen Sie Ihre Arbeitsfläche und Ihre Hände und formen Sie aus dem Teig kleine Brotbällchen. Füllen Sie die Brotbällchen in die Silikonförmchen.

7. Lassen Sie die Brotbällchen nochmals für eine Stunde an einem warmen Ort gehen.

8. Heizen Sie das Backrohr auf 200 °C Ober- und Unterhitze vor.

9. Ritzen Sie die Oberfläche der Brotbällchen mit einem Messer ein Mal ein.

10. Platzieren Sie die Silikonförmchen auf einem Backblech und backen Sie die Breadcakes auf mittlerer Schiene für 15 Minuten. Reduzieren Sie danach die Hitze auf 190 °C und backen Sie die Brötchen nochmals für 15 Minuten.

11. Benetzen Sie die Breadcakes von Zeit zu Zeit mit etwas Wasser, um die Krume nicht austrocknen zu lassen.

» AUF DER NÄCHSTEN SEITE GEHT'S WEITER

12. Nach der Backzeit lassen Sie die Breadcakes für 10 Minuten im noch geschlossenen Ofen rasten.

13. Befreien Sie nun Ihre Breadcakes aus der Silikonform und lassen Sie sie vollständig auskühlen.

14. Stellen Sie sie in eine hübsche Papierform oder in eine gestrickte Cake-Manschette.

15. Garnieren Sie Ihre Breadcakes mit dem empfohlenen Topping.

Ess-Sensible, aufgepasst!

GLU: Nehmen Sie eine glutenfreie Mehlmischung aus dem Reformhaus. Oder backen Sie mit 250 g Buchweizenmehl, 150 g Quinoamehl und 100 g Reismehl.

HIT: Verzichten Sie beim Topping auf Sojaprodukte, Kren und das Chili-Öl. Vermeiden Sie lange gereiften Käse und ersetzen Sie ihn durch jungen Butterkäse. Falls Sie keine Hefe vertragen, backen Sie das Rezept mit ½ Pkg. Weinsteinbackpulver.

LAC: Greifen sie zu lactosefreien Milchprodukten, zu ungesüßten Pflanzenprodukten oder Pflanzenmargarine.

FRU: Verzichten Sie auf Vollkornprodukte und nehmen Sie stattdessen weißes Dinkel- oder Weizenmehl. Lassen Sie den Honig weg und verwenden Sie stattdessen Birkenzucker oder Erythritol.

Feuer des Olymp
Breadcakes mit Melanzani

Zutaten:
› 1 Pkg. Trockenhefe
› 400 ml lauwarmes Wasser
› 650 g Weizenweißmehl
› 1 TL Salz
› 1 TL Kümmel
› 1 TL getrockneter Thymian

Zutaten Melanzanifüllung:
› 1 Melanzani, mittelgroß, in kleine Würfel geschnitten
› 50 g Oliven, gehackt
› 50 g Feta, gewürfelt
› 4 Knoblauchzehen, gepresst
› 1 kleine rote Zwiebel, gehackt
› ½ TL Salz
› 1 TL Rosmarin
› 1 TL Chiliflocken
› 2 TL Pinienkerne
› 4 EL Olivenöl

TIPP

Wer die Breadcakes nicht füllen möchte, kann die Melanzani-füllung auch als Brotaufstrich verwenden.

Zubereitung:

1. Backrohr auf 220 °C Ober- und Unterhitze vorheizen.

2. Mehl, Hefe, Kümmel und Salz in einer Schüssel verrühren.

3. Geben Sie nun Wasser hinzu und verrühren Sie alles zu einem sämigen Teig.

4. Schlagen Sie den Teig so lange mit einem Kochlöffel, bis er locker wird und Blasen wirft. Bedecken Sie den geschlagenen Teig mit einem Baumwolltuch und lassen Sie ihn für 20 Minuten an einem warmen Ort gehen.

5. Kneten Sie den Teig nochmals durch.

6. Befeuchten Sie Ihre Hände und reißen Sie kleine Patzen vom Teig ab. Füllen Sie diese zur Hälfte in kleine Silikonförmchen.

7. Geben Sie etwas von der Melanzanifüllung auf den rohen Teig und füllen Sie den Rest des Förmchens mit Teig auf. Verfahren Sie auf diese Weise mit jedem Förmchen.

8. Ritzen Sie die Oberfläche der rohen Breadcakes mit einem Messer mehrmals ein.

9. Platzieren Sie die Silikonförmchen auf einem Backblech und backen Sie die Breadcakes auf mittlerer Schiene für 45 Minuten.

10. Benetzen Sie die Breadcakes von Zeit zu Zeit mit etwas Öl-Wasser.

11. Nehmen Sie die Breadcakes aus dem Rohr und lassen Sie sie vollständig auskühlen.

12. Stellen Sie sie in eine Papierform oder in eine gestrickte Cake-Manschette.

13. Garnieren Sie Ihre Breadcakes nun mit dem empfohlenen Topping.

» AUF DER NÄCHSTEN SEITE GEHT'S WEITER

Zubereitung Füllung:

Erhitzen Sie das Olivenöl in einer Pfanne. Geben Sie die gewürfelten Melanzani hinzu und braten Sie sie goldgelb. Nun Knoblauch und Zwiebel dazu und weiterbraten. Gewürze, Pinienkerne und Salz untermischen und weiterbraten. Zum Schluss den Feta unterheben – er darf nicht schmelzen! Nun die Masse nach Rezept in die Breadcakes füllen.

~

Ess-Sensible, aufgepasst!

GLU: Nehmen Sie eine glutenfreie Mehlmischung aus dem Reformhaus. Oder backen Sie mit der gleichen Menge Quinoamehl.

HIT: Weizen ist oft nicht verträglich für Menschen mit Histaminintoleranz. Nehmen Sie stattdessen Dinkelmehl oder Einkornmehl. Falls Sie keine Hefe vertragen, backen Sie das Rezept mit ½ Pkg. Weinsteinbackpulver. Verzichten Sie auf die Melanzanifüllung, da sie sehr histaminhaltig ist. Nehmen Sie stattdessen Frischkäse, vermengt mit den oben angeführten Gewürzen (ohne Chilipulver, Zwiebel, Knoblauch), frischen roten, gehackten Paprika und Pinienkernen.

LAC: Greifen sie zu lactosefreiem Feta oder milchfreiem Käseersatz.

FRU: Achtung bei der Füllung! Wenn Sie das angeführte Gemüse nicht vertragen, greifen Sie lieber zu frischem Blattspinat (klein geschnitten), Olivenöl, Feta und Pinienkernen als Füllung.

Herbstsonne
Kürbis-Breadcakes

Zutaten:

› 100 g Maismehl
› 100 g Dinkelmehl
› 150 g Buchweizenmehl
› 1 EL Hanfmehl
› 400 g Hokkaido-/Butternuss-
  kürbis (Kochwasser auffangen)
› 2 TL Weinsteinbackpulver
› 2 TL Salz
› 1 Msp. Muskatnuss, gerieben
› 1 TL Anis
› 2 ½ TL geriebener, frischer Ingwer
› 50 g Kürbiskerne, gehackt
› 50 g Kürbiskernöl
› etwas Pfeffer

Ich empfehle dazu:
Kürbis-Topping

Zubereitung:

1. Heizen Sie das Backrohr auf 175 °C Heißluft vor.

2. Verrühren Sie die Mehlsorten mit dem Weinsteinbackpulver, dem Salz, den Kürbiskernen und den Gewürzen in einer großen Schüssel.

3. Schneiden Sie den Kürbis in kleine Stücke und kochen Sie diese, bis sie weich sind. Nehmen Sie die gekochten Kürbisstücke aus dem Wasser, zerstampfen Sie sie und vermengen Sie sie mit dem Kürbiskernöl und dem Ingwer.

4. Geben Sie nun das Kürbis-Öl-Gemisch zur Mehlmischung dazu und rühren Sie alle Zutaten mit einem stabilen Kochlöffel unter.

5. Reiben Sie die Masse zu einem krümeligen Teig und mischen Sie 100 ml Kürbiskochwasser dazu. Nun kneten Sie die Masse zu einem etwas klebrigen Teig.

6. Füllen Sie nun den Teig in vorbereitete Silikonförmchen und benetzen Sie die Oberfläche des Teiges mit übrig gebliebenem Kürbiswasser. Sie können auch ein paar Kürbiskerne auf jeden rohen Breadcake geben.

7. Schieben Sie die Breadcakes nun auf mittlerer Schiene für 60 Minuten in den Backofen.

8. Benetzen Sie die Oberfläche der Breadcakes in regelmäßigen Abständen mit Wasser. So wird die Krume schön kross und innen sind die Breadcakes wunderbar zart.

9. Machen Sie die Fingerprobe – wenn sich die Krume mit sanftem Widerstand etwas nach unten drücken lässt, sind die Breadcakes fertig. Lassen Sie sie auskühlen.

10. Befreien Sie nun Ihre Breadcakes aus der Silikonform und stellen Sie sie in eine hübsche Papierform. Garnieren Sie Ihre Breadcakes mit dem empfohlenen Topping.

» AUF DER NÄCHSTEN SEITE GEHT'S WEITER

TIPP

*Wärmende Gewürze wie Ingwer,
Anis, Kümmel, Zimt, Muskatnuss
oder Piment geben diesem herbstlichen
Rezept eine interessante, orientalische
Note. Sie können aber auch zusätzlich
etwas würzigen (veganen oder lactosefreien) Käse unter die Masse reiben.*

Ess-Sensible, aufgepasst!

GLU: Nehmen Sie statt Dinkelmehl 50 g Quinoamehl und 50 g Reismehl.

HIT: Lassen Sie Ingwer, Muskatnuss und den würzigen Käse (Tipp) weg und nehmen Sie stattdessen Frischkäse. Ersetzen Sie das Buchweizenmehl durch Quinoamehl.

LAC: Entwarnung, keine Gefahr! Optional lactosefreien oder veganen Käse nehmen.

FRU: Der Kürbis könnte etwas Probleme bereiten. Wenn Sie sensibel auf die Fructose im Kürbis reagieren, nehmen Sie stattdessen Karfiol oder Kartoffeln (diese am besten geschält und geschnitten über Nacht in Wasser einlegen, danach gründlich mit kaltem Wasser abspülen) und verfahren Sie mit der Zubereitung auf gleiche Weise. Das Kastanienmehl ersetzen Sie durch Dinkel- und/oder Quinoamehl.

Wenn Sie einen Hokkaido-Kürbis nehmen, ersparen Sie sich das Schälen. Bei dieser Kürbissorte lässt sich die Schale mitverwenden.

Jasminblüten

Breadcakes mit Matcha-Tee

Zutaten:

› 50 g Reismehl
› 50 g Dinkelmehl
› 100 g Quinoamehl
› 40 g Mandelmehl
› 30 g Braunhirse
› 300 g Erdmandeln, gemahlen
› 2 TL Weinsteinbackpulver
› ½ TL Natron
› 50 g Mandelblättchen
› 1 Pr. Salz
› 3 EL Kokosmus
› 60 ml Sesamöl
› 3 TL Jasminblüten
› 3 TL Matchapulver

Zutaten Matcha-Teegemisch:

› 100 ml Wasser
› 30 ml Milch (lactosefrei, Soja-
  oder diverse Pflanzendrinks)
› 100 g Rohrohrzucker (oder Birkenzucker, Honig, Erythritol)
› 4 Beutel Grüntee
› 1 TL Matchapulver
› 4 TL Zitronengras
› 3 TL Jasminblüten

Zutaten Matcha-Beize:

› 1 TL Matchapulver
› 2 TL Reissirup
› 50 ml warmes Wasser

Zubereitung:

1. Heizen Sie das Backrohr auf 175 °C Ober- und Unterhitze vor.

2. Bereiten Sie das Matcha-Teegemisch nach oben angeführter Anleitung zu.

3. Mischen Sie alle Mehlsorten, Braunhirse, Erdmandeln, Weinsteinbackpulver, Natron, Mandelblättchen, Jasminblüten, Matchapulver und Salz in einer großen Schüssel zusammen.

4. Verrühren Sie das Kokosmus mit dem Sesamöl. Geben Sie die Mischung zu den trockenen Zutaten hinzu.

5. Gießen Sie nun das abgesiehte Tee-Gemisch zu den trockenen Zutaten und verrühren Sie die Masse zu einem Teig.

6. Füllen Sie den Teig in vorbereitete Silikonförmchen.

7. Platzieren Sie die Silikonförmchen auf einem Backblech, bestreichen Sie sie mit der zubereiteten Matcha-Beize und backen Sie die Breadcakes auf mittlerer Schiene für 70 Minuten.

8. Benetzen Sie die Breadcakes von Zeit zu Zeit mit der übrigen Beize.

9. Nehmen Sie nun Ihre Breadcakes aus der Silikonform und lassen Sie sie vollständig auskühlen.

10. Stellen Sie sie in eine hübsche Papierform oder in eine gestrickte Cake-Manschette.

Zubereitung Matcha-Teegemisch:

Das Wasser zum Kochen bringen, alle Zutaten bis auf die Milch beigeben. Matchapulver mit einem Rühr- oder Matchabesen klumpenfrei
einrühren. 5 Minuten wallend kochen lassen, dann von der Kochstelle
nehmen. Nach 10 Minuten abseihen. Milch beigeben. Bis zur weiteren
Verarbeitung stehen lassen.

~

Zubereitung Matcha-Beize:

Matchapulver klumpenfrei in das Wasser einrühren. Reissirup beifü-
gen und gut verrühren, bis er sich aufgelöst hat. Die Beize während des
Backvorganges auf die Breadcakes streichen.

Ess-Sensible, aufgepasst!

....

GLU: Nehmen Sie statt Dinkelmehl die gleiche Menge Maismehl.

HIT: Verzichten Sie auf Sojaprodukte, Matchapulver und grünen Tee. Nehmen Sie stattdessen Kräutertee. Ersetzen Sie das Dinkelmehl durch Quinoamehl und die Mandelblättchen durch Erdmandelblättchen. Ebenso ersetzen Sie das Mandelmehl
durch geriebene Erdmandeln. Achten Sie bei den Jasminblüten darauf, dass sie
lose sind und nicht einem fermentierten Schwarz- oder Grüntee beigefügt sind!

LAC: Greifen sie zu lactosefreier Milch oder Pflanzenmilch.

FRU: Statt Rohrohrzucker nehmen Sie die gleiche Menge Birkenzucker, Reissirup oder
Erythritol. Die Erdmandeln könnten Probleme bereiten – greifen Sie stattdessen zu
echtem Mandelmehl.

Gurken-Kräuter-Breadcakes

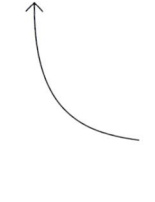

Zutaten:

› 150 g Maismehl
› 100 g Dinkelmehl
› 70 g Hafermehl
› 5 Zehen Knoblauch gepresst
› 1 Salatgurke (ca. 440 g) mit Schale, grob gerieben
  (Wasser der Gurke auffangen – ca. 100 ml)
› 2 TL Weinsteinbackpulver
› 3 TL Salz
› 3 EL Olivenöl
› 50 ml Wasser
› 3 TL Pfeffer
› 2 TL Schwarzkümmel, etwas zerstoßen
› 2 Kaffeetassen gehackte Kräuter (z.B. Dille, Schnittlauch, Minze,
  Salbei, Zitronenmelisse, Rosmarin, Liebstöckel, Quendel, Pimpi-
  nelle, Petersilie, Basilikum, Koriander)

frische Kräuter wirken basisch auf den Körper und eignen sich hervorragend, um eine Entschlackungskur einzuleiten.

Zubereitung:

1. Heizen Sie das Backrohr auf 175 °C Heißluft vor.

2. Verrühren Sie die Mehlsorten mit Weinsteinbackpulver, Salz, Pfeffer, Schwarzkümmel und den gehackten Kräutern in einer großen Schussel.

3. Reiben Sie die Gurke auf einer Reibe in eine separate Schüssel. Drücken Sie die geriebene Gurke danach gründlich durch ein Sieb und fangen Sie das so entstandene Gurkenwasser in einer Schüssel auf. Es dürfte ca. 100 ml ergeben. Mischen Sie das Gurkenwasser mit 50 ml lauwarmem Wasser und stellen Sie es zur Seite.

4. Geben Sie den gepressten Knoblauch zusammen mit der geriebenen, ausgepressten Gurke und dem Olivenöl in eine kleine Schüssel und verrühren Sie alles gut miteinander.

5. Geben Sie nun das Gurken-Öl-Gemisch zusammen mit dem Gurkenwasser zur Mehlmischung und verrühren Sie alles mit einem stabilen Holzlöffel.

6. Falls die Masse zu trocken ist, mischen sie noch etwas lauwarmes Wasser oder Olivenöl dazu. Falls Sie zu nass ist, noch etwas Mehl.

7. Füllen Sie nun den Teig in vorbereitete Silikonförmchen und bestreichen Sie die Oberfläche des Teiges mit etwas Olivenöl.

8. Schieben Sie die Breadcakes auf mittlerer Schiene für 70 Minuten in den Backofen.

9. Befreien Sie nun Ihre Breadcakes aus der Silikonform und lasen Sie sie auskühlen.

10. Stellen Sie Ihre Gurken-Kräuter-Breadcakes in eine hübsche Papierform oder in eine selbst hergestellte Cake-Manschette.

11. Garnieren Sie Ihre Breadcakes mit einem würzigen Topping.

» AUF DER NÄCHSTEN SEITE GEHT'S WEITER

TIPPS

» Gurken wirken entschlackend auf den Körper. Mit ihren 96 % Wasser sind sie eine wahre Kalorienbremse. Essen Sie die Gurken-Kräuter-Breadcakes zusammen mit Tsatsiki oder traditionellem Gurkensalat – ein leichtes, entschlackendes Mahl zu jeder Zeit!

» Tunken Sie die Gurken-Kräuter-Breadcakes beim Essen in herzhaftes Olivenöl! Durch das Hafermehl sind sie besonders zart, die Gurken machen den Teig saftig – die besten Voraussetzungen, das Olivenöl beim Tunken gut aufzunehmen!

Ich empfehle dazu:
Kichererbsen-Topping!

Ess-Sensible, aufgepasst!

GLU: Statt Dinkelmehl nehmen Sie eine glutenfreie Mehlmischung für Brotteige aus dem Reformhaus. Sie können das Dinkelmehl aber auch durch 50 g Quinoamehl und 50 g Hafermehl ersetzen. Achten Sie beim Hafermehl auf eine glutenfreie Variante aus dem Reformhaus.

FRU: Lassen Sie den Knoblauch weg und verzichten Sie bei den Kräutern auf Schnittlauch.

HIT UND LAC: Entwarnung, keine Gefahr!

Drüber

Topping-Rezepte für Breadcakes

DRÜBER

Toppings sind kein Muss. Alle Breadcakes können auch ohne den „köstlichen Gupf" serviert werden. Geschmacklich sind die Toppings natürlich eine Krönung, auf die Sie vielleicht ungern verzichten.

Die folgenden Topping-Rezepte sind durchwegs so zusammengestellt, dass sie von Personen, die keinerlei Unverträglichkeiten haben, leicht zubereitet werden können.

Ess-sensible Personen werden gebeten, auf die fünf Alternativen zu achten, die bereits in den Backrezepten der Breadcakes angeführt sind. Trotzdem finden Sie untenstehend nochmals einige wichtige Zusatzinformationen zu den Toppings, die für Sie als Ess-Sensible von Interesse sein könnten.

Ein wichtiger Grundsatz ist es, stets auf die biologisch-dynamische Herkunft der Lebensmittel zu achten, was besonders die tierischen Produkte betrifft! Achten Sie darauf, ausschließlich tierische Produkte zu kaufen, die von Tieren aus artgerechter und friedlicher Tierhaltung stammen! So nehmen Sie guten Gewissens Nährstoffe zu sich, die energetisch hoch schwingen und die Wahrung der Achtung und Würde der Tiere, die sie gespendet haben, in sich tragen.

Ess-Sensible, aufgepasst!

Sie können die Milchprodukte in diesen Topping-Rezepten durchwegs durch pflanzlichen Frischkäse, Topfen, Seidentofu, Sojajoghurt, Soja-, Reis-, Hafer- oder Dinkelsahne ersetzen. Experimentieren Sie ein bisschen und erfreuen Sie sich an Ihren neu entdeckten Topping-Variationen! Was Sie bedenken müssen, ist, dass die Konsistenz Ihrer veganen Toppings öfters etwas weicher ausfällt. Um dem entgegenzuwirken, sieben Sie etwas Soja- oder Lupinenmehl, Reismehl, Mais- oder Kartoffelstärke darüber und verrühren Sie das Topping gut. Vor dem Servieren 15 Minuten quellen lassen.

Sie können Ihr Topping auch mit Agar Agar nach Packungsanleitung an-
rühren. Dieses vegane Geliermittel aus Algen verleiht Ihren Toppings die
nötige Standfestigkeit, wenngleich es sie je nach Pulvermenge auch zum
Gelieren bringen kann. Johannisbrotkernmehl eignet sich ebenso hervorragend zur Toppingzubereitung (Achtung bei HIT und FRU!).

GARNIERVORGANG

Mit Löffel:

Breadcakes mit 2 Esslöffeln Toppingmasse grob beklecksen. Mit fein gehackten Kräutern, Nüssen etc. garnieren.

Mit Spritztülle:

Toppingmasse mit einem großen Löffel fest in die Spritztülle füllen.
Spritztülle oben mehrmals mit beiden Händen eindrehen, sodass die
Luft oberhalb der eingefüllten Toppingmasse entweicht. Tut man dies
nicht, mischen sich Luftpolster in die
Masse. Dies macht beim Spritzen un-
schöne Patzen. Nun den Breadcake vor
sich auf ein Brett stellen. Mit beiden
Händen spiralförmig und zügig auf der
Oberfläche des Breadcakes ein Häub-
chen formen. Absetzen zwischendurch
ist kein Problem – Sie müssen nur wieder „die richtige Spur" aufnehmen.

   Abschließend mit Kräutern, Gewürzen oder Nüssen garnieren.

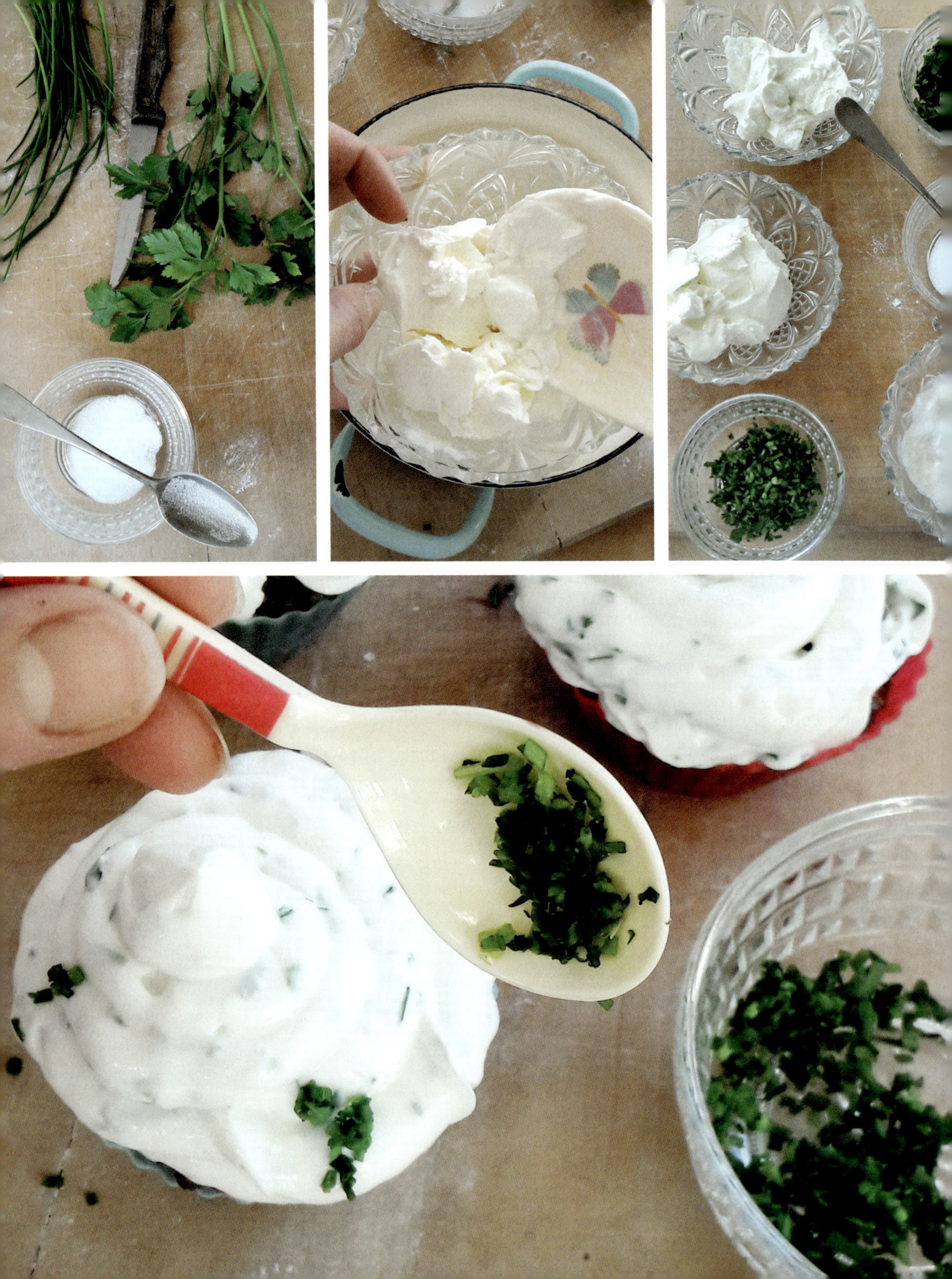

Topping

Grundrezept

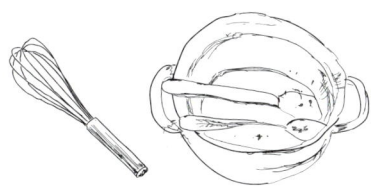

Zutaten:

› 100 g Frischkäse (auch in veganen
  Varianten erhältlich)
› 50 g Joghurt (oder Sojajoghurt)
› 50 g Topfen (oder veganen Topfen)
› 1 TL Salz

Zubereitung:

Alle Zutaten miteinander in eine Schüssel geben und mit einem Hand-
mixgerät verrühren.

Es können nach Belieben frische Kräuter, Zitronensaft, Pfeffer oder verschiedene Gewürze zugegeben werden. Ihrer Fantasie sind dabei keine
Grenzen gesetzt!

Italienisches Topping

Dazu das Grundrezept für Toppings mit einem geriebenen Mozzarella und fein geschnittenem frischem Basilikum vermengen. Eine Olive obenauf setzen und das Topping mit Pinienkernen bestreuen.

Frühlings-Topping

Zutaten:

› *100 g Mascarpone*
› *100 g Frischkäse*
› *½ TL Salz*
› *2 Knoblauchzehen*
› *1 Frühlingszwiebel (nur das Grün)*

Zubereitung:

Mascarpone, Frischkäse und Salz gut verrühren. Knoblauchzehen mit einer Knoblauchpresse zerdrücken und der Mascarpone-Mischung beigeben. Das Grün der Frühlingszwiebel in kleine Ringe schneiden und unter die Knoblauchmasse rühren. Vor dem Weiterverwenden 15 Minuten kalt stellen.

Mascarpone-Topping

Zutaten:
› 100 g Mascarpone
› 100 g Frischkäse
› ½ TL Salz

Zubereitung:
Alle Zutaten gut miteinander verrühren. Masse vor dem Garnieren für 15 Minuten kalt stellen.

Topfen-Sauerrahm-Topping mit Kräutern

Zutaten:
› 100 g Sauerrahm
› 100 g Topfen
› 4 EL unterschiedlichste frische Frühlingskräuter
› 2 TL Löwenzahnblütenblätter (frisch abgezupft)
› ½ TL Zitronensaft
› 1 TL Honig oder Reissirup

Zubereitung:
Alle Zutaten bis auf die Löwenzahnblütenblätter gut vermischen und für 15 Minuten kühl stellen. Danach vorsichtig die Blütenblätter unterheben und die Brötchen damit verzieren. Streuen Sie ein paar Löwenzahnblütenblätter auf das Topping und erfreuen Sie sich an den gelben Farbtupfen.

Für eine pikante Variante lassen Sie einfach Honig oder Reissirup weg und geben ½ Teelöffel Kräutersalz hinzu!

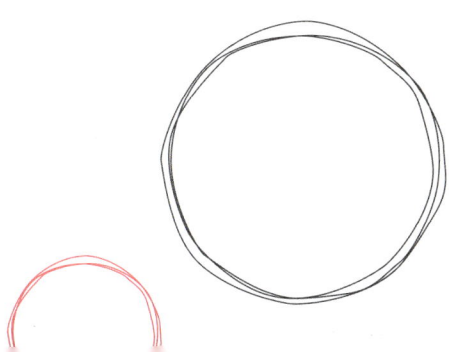

Baby-Caipirinha-Topping

Zutaten:

› 200 g Frischkäse
› 20 g Rohrzucker oder Birkenzucker
› 2 cl Limettensaft
› 4 TL frische Minze, gehackt

Zubereitung:

Alle Zutaten miteinander vermischen, 15 Minuten kühl stellen und danach Breadcakes damit garnieren.

Topfen-Vanille-Topping

Zutaten:

› 100 g Frischkäse
› 100 g Topfen (oder Mascarpone)
› 50 g Birkenzucker (oder Erythritol)
› ½ TL echte Vanille

Zubereitung:

Alle Zutaten miteinander verrühren und vor dem Garnieren 15 Minuten kühl stellen.

Herzhaftes Topfen-Banane-Curry-Topping

Zutaten:

› *200 g Topfen*
› *1 sehr reife Banane*
› *2 EL Honig*
› *1 TL Currypulver*
› *½ TL Kurkumapulver*
› *1 Prise Salz*

Zubereitung:

Zerdrücken Sie die sehr reife Banane in einem tiefen Teller mit einer Gabel, sodass sich eine musartige Konsistenz bildet. Rühren Sie den Honig unter und streuen Sie Curry und Kurkuma darüber. Sorgfältig unterrühren, achten Sie darauf, dass sich keine Klümpchen bilden! Sie können dafür einen Schneebesen nehmen. Lassen Sie diese Mischung bei Zimmertemperatur 20 Minuten ziehen, sodass sich die würzigen Aromen der Gewürze mit der Banane verbinden. Nun mischen Sie den Topfen und das Salz in einer Schüssel und geben die Banane-Curry-Mischung hinzu. Gut unterrühren und vor dem Servieren 15 Minuten kühl stellen.

Cremiges Haselnuss-Topping

Zutaten:

› *100 g Mascarpone oder Crème double*
› *100 g Haselnussmus*

Zubereitung:

Zutaten vermischen und für 15 Minuten kühl stellen. Breadcakes danach damit verzieren.

Topping Crème Tartar

Zutaten:

› 100 g Sauerrahm
› 100 g Frischkäse
› 2–3 Essiggurkerl, fein gewürfelt
› 1 Ei, gekocht, gehackt ODER
1 Schnitte Räuchertofu, gewürfelt
› 1 TL Olivenöl
› 1 TL Leinöl

› 1 TL Senf
› 1 EL Zitronensaft
› 2 TL Kapern
› 1 Knoblauchzehe, gepresst
› 1 Schalotte, fein gehackt
› 1 TL Salz
› Pfeffer aus der Mühle

Zubereitung:

Sauerrahm und Frischkäse mit Öl, Salz, Senf, Zitronensaft und Pfeffer gut vermischen. Gewürfelte Essiggurkerl, Ei oder Tofu, Kapern, Schalotte und Knoblauchzehe miteinander vermengen und langsam unter die Sauerrahm-Masse heben. Wenn gewünscht, nachwürzen. Vor dem Verwenden 15 Minuten in den Kühlschrank stellen.

Feuriges Chili-Sauerrahm-Topping

Zutaten:

› 100 g Sauerrahm
› 50 g Topfen
› 50 g Mascarpone oder
Crème double
› ¾ TL Salz

› 1 TL Chiliflocken
› ¼ TL würziger Senf
› 1 TL Weißweinessig
› Pfeffer

Zubereitung:

Alle Zutaten gut miteinander verrühren und vor dem Verwenden ½ Stunde in den Tiefkühler stellen.

Matcha-Pistazien-Topping

Zutaten:

- › 100 g Mascarpone
- › 50 g Topfen
- › 50 g Frischkäse
- › ½ TL Salz
- › 4 EL Pistazienkerne, gründlich gemörsert
- › 2 EL weißes Mandelmus
- › ½ TL Matchapulver, in 1 TL heißem Wasser aufgelöst

Zubereitung:

Alle Zutaten bis auf das Matchapulver gut miteinander verrühren. Nehmen Sie dazu am besten ein Handrührgerät. Achten Sie unbedingt darauf, die Pistazienkerne so klein wie möglich zu zerstoßen! Das kostet einige Anstrengung, ich weiß! Jedoch lohnt es sich, da dadurch das feine Pistazienaroma wunderbar mit dem Matcha harmonieren darf. Geben Sie zum Schluss das im heißen Wasser aufgelöste Matchapulver über die Mascarpone-Pistaziencreme und rühren Sie es gut unter. Die grüne Farbe dieses Toppings wird Sie begeistern. Vor dem Servieren 15 Minuten kühl stellen und beim Garnieren das Topping mit einem ganzen Pistazienkern und etwas darübergestreutem Matchapulver aufpeppen.

Exotisches Kokos-Topping

Zutaten:

- › 100 g Frischkäse
- › 100 g Kokosmus
- › 30 g Birkenstaubzucker
- › 1 Msp. Zimt
- › 1 cl Zitronensaft

Zubereitung:

Alle Zutaten miteinander vermischen und vor dem Verwenden 15 Minuten in den Kühlschrank stellen.

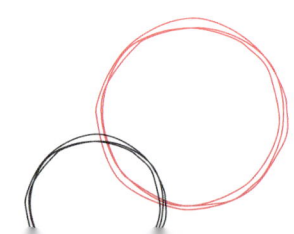

Liebliches Rosen-Mohn-Topping

Zutaten:
› 200 g Frischkäse
› 2 EL Birkenzucker oder Erythritol (beides in Puderform)
› 2 EL Rosenwasser
› 2 EL geriebener Mohn
› 1 EL getrocknete Rosenblätter
› 1 TL Limettensaft

Zubereitung:
Mischen Sie alle Zutaten gründlich in einer Schüssel. Achten Sie darauf, dass die Rosenblätter beim Kühlen gut in die Frischkäsemasse verarbeitet wurden, da sie sonst nicht gut durchziehen können! Masse für 15 Minuten kühl stellen und beim Servieren noch ein paar Rosenblätter obenauf streuen. Hübsch sieht es auch aus, wenn Sie andere Blütenblätter oder essbare Silberkügelchen auf Ihrem Topping verteilen.

Frisches Sauerrahm-Koriander-Topping

Zutaten:
› 100 g Sauerrahm
› 100 g Frischkäse
› ½ TL Salz
› ½ TL Koriandersamen, zerstoßen
› 4 TL Koriandergrün, gehackt

Zubereitung:
Alle Zutaten miteinander vermischen und für 15 Minuten in den Kühlschrank stellen. Danach Breadcakes damit verzieren.

Französisches Portwein-Topping

Zutaten:

› 100 g Mascarpone oder Crème double
› 100 g Frischkäse
› ½ TL Salz
› 2 cl Portwein
› 1 schwarze Olive pro Brötchen

Zubereitung:

Während das Gebäck auskühlt, bereiten Sie das Topping vor. Dazu Mascarpone und Frischkäse mit einem Schneebesen gut verrühren, sodass eine kompakte Creme entsteht. Sie darf nicht zu flüssig sein! Salz und Portwein hinzugeben und wieder verrühren. 15 Minuten kalt stellen. Mit der Olive verzieren.

Avocado-Koriander-Topping

Zutaten:

› 100 g Sauerrahm
› 1 reife Avocado
› ½ TL Salz
› 3 gehäufte TL Korianderblätter, gehackt
› 1 TL Zitronensaft
› ½ TL Chiliflocken (optional)

Zubereitung:

Alle Zutaten miteinander vermischen und gut durchrühren. Wenn Sie möchten, können Sie dem Topping noch etwas Pfiff verleihen und Chiliflocken untermischen. Vor dem Garnieren 15 Minuten kühl stellen.

Pesto-Topping

Zutaten:

› 100 g (lactosefreier) Topfen (oder Seidentofu, Sojajoghurt)
› 50 g (lactosefreier) Frischkäse (Cashewfrischkäse)
› ½ TL Salz
› 50 g Pinienpesto (Pesto Genovese)
› 1 TL frischer, geriebener Ingwer
› 2 TL frische, gehackte Basilikumblätter
› 2 TL geröstete Pinienkerne

Zubereitung:

Alle Zutaten miteinander gut verrühren und vor dem Garnieren 15 Minuten kühl stellen. Mit gerösteten Pinienkernen bestreuen und mit etwas gehackten Basilikumblättern die Breadcakes verfeinern.

TIPP

Sie können das Pinienpesto auch selbst herstellen:

Pinienpesto: *Dazu 250 g Pinienkerne und 2 Handvoll Basilikumblätter mit dem Pürierstab zu einer sämigen Masse pürieren. Etwas salzen. Zusätzliches Öl zuzugeben ist nicht notwendig, da die Pinienkerne selbst sehr viel Öl enthalten.*

Kichererbsen-Topping

Zutaten:

› 340 g gekochte Kichererbsen (Abtropfgewicht, Orientshop, aus dem Glas)

› 100 g (lactosefreies) Joghurt

› 2 EL Tahin (Sesam-Mus, Orientshop)

› ½ TL Salz

› 2 TL Olivenöl

› Frischer Koriander, frische Minze zum Garnieren

Zubereitung:

Spülen Sie die Kichererbsen gründlich mit heißem Wasser ab. Benutzen Sie dazu ein Sieb. Pürieren Sie die Kichererbsen mit dem Pürierstab. Geben Sie Joghurt, Salz, Tahin und Olivenöl hinzu und rühren Sie die Masse mit einem Quirl kräftig durch. Füllen Sie die Topping-Masse in eine Spritztülle und dekorieren Sie nun die Breadcakes damit. Belegen Sie das Kichererbsen-Topping mit kleinen Zweigen oder Blättchen der frischen Kräuter.

TIPPS

» **Fructoseintoleranz:** Sie vertragen die Kichererbsen besser, wenn Sie die Hülle um jede Erbse beim Spülen mit heißem Wasser entfernen. Sie geht leicht ab. Rubbeln Sie dann die Kichererbsen im Wasserbad einfach durch Ihre Finger.

» **Histaminintoleranz:** Sie tun gut daran, getrocknete, rohe Kichererbsen zu nehmen und sie frisch zu kochen. Eingemachte, vorgekochte Kichererbsen in Glas oder Dose haben einen hohen Histamingehalt! Lassen Sie das Tahin auch weg. Wenn Sie können, verfeinern Sie das Topping mit Schwarzkümmelöl-Mus oder zwei gepressten Knoblauchzehen.

Radieschen-Topping

Zutaten:
› 100 g Hüttenkäse Kräuter
› 2 Radieschen in Würfelchen
› Schnittlauch
› Pfeffer aus der Mühle

Achtung! Wer das Radieschentopping mit der Spritztülle auftragen möchte, reibt die Radieschen besser fein auf. Die Würfelchen passen nämlich nicht durch die kleine Öffnung des Spritzaufsatzes!

Zubereitung:
Alle Zutaten miteinander vermischen und mit Pfeffer abschmecken. Das Topping vor dem Verzieren 15 Minuten kühl stellen und danach auf der „Brotzeit" verteilen. Ein paar Radieschenwürfel und Schnittlauch kommen als Garnierung obenauf!

Walnuss-Topping

Zutaten:
› 100 g (lactosefreier) Mascarpone (oder Seidentofu, Sojajoghurt)
› 50 g (lactosefreier) Topfen (oder Cashewfrischkäse)
› ½ TL Salz
› 25 g geriebene Walnüsse
› 25 g Walnussmus
› etwas Salz
› pro Breadcake eine Walnusshälfte zum Garnieren

Zubereitung:
Alle Zutaten miteinander gut verrühren und vor dem Garnieren 15 Minuten kühl stellen. Mit je einer Walnusshälfte garnieren. Wer mag, kann zusätzlich noch gehackte Rosinen hinzugeben. Diese Breadcakes vorzugsweise mit warmem Früchte- oder Kräutertee genießen.

Kürbiskern-Topping

Zutaten:
› 100 g Topfen
› 50 g Sauerrahm
› 50 g Mascarpone
› ½ TL Salz
› 2 TL Kürbiskernmus
› 2 TL Kürbiskernöl

Zubereitung:
Alle Zutaten miteinander gut verrühren und vor dem Garnieren 15 Minuten kühl stellen. Mit gerösteten Kürbiskernen bestreuen und mit einen Tropfen Öl obenauf setzen.

Kürbis-Topping

Zutaten:
› 100 g Topfen
  (oder Seidentofu, Sojajoghurt)
› 50 g Sauerrahm
  (Cashewfrischkäse)
› ½ TL Salz
› frische, gehackte Petersilie

› 25 g Kürbismus
  (Kürbis gekocht und püriert)
› 25 g Karottenmus
  (Karotten gekocht und püriert)
› 1 TL frischer, geriebener Ingwer

Zubereitung:
Alle Zutaten miteinander gut verrühren und vor dem Garnieren 15 Minuten kühl stellen. Mit gerösteten Kürbiskernen bestreuen und mit einem Tropfen Kürbiskernöl pro Breadcake verfeinern. Mit gehackter Petersilie garnieren.

Honig-Topping

80 g (veganen) Frischkäse, 20 g Honig und 2 TL Zitronensaft miteinander vermischen und vor dem Servieren 15 Minuten kühl stellen. Danach mit ein paar violetten Lavendelblüten garnieren. Guten duftenden Appetit!

Kräuter-Topping

Zutaten:

- › 50 g Mascarpone
  (oder Seidentofu, Sojajoghurt)
- › 50 g Topfen
  (oder Cashewfrischkäse)
- › ½ TL Salz
- › 50 g Sauerrahm

- › 1 Handvoll gehackte frische Kräuter
  (oder tiefgekühlt)
- › etwas Salz
- › 20 g geröstete Haferflocken
- › Pfeffer aus der Mühle

Zubereitung:

Alle Zutaten miteinander gut verrühren und vor dem Garnieren 15 Minuten kühl stellen. Auf die garnierten Breadcakes etwas Pfeffer streuen.

Butter-Käse-Topping

Zutaten:

- › 50 g Mascarpone
  (oder Seidentofu, Sojajoghurt)
- › 50 g Topfen
  (oder Cashewfrischkäse)
- › 60 g Butter, zimmerwarm
  (oder Pflanzenmargarine)
- › 50 g Frischkäse
  (oder Cashewfrischkäse)

- › 30 g würziger Käse, gerieben
- › Pfeffer aus der Mühle
- › etwas Salz
- › ½ Bund Schnittlauch, fein
  geschnitten
- › ½ TL Chili-Öl
- › 4 TL frischer Kren, gerieben

Zubereitung:

Alle Zutaten bis auf den Kren gut miteinander verrühren und vor dem Garnieren 15 Minuten kühl stellen. Auf die garnierten Breadcakes etwas Pfeffer, Schnittlauch und geriebenen Kren streuen.

Drumherum

Breadcakes verkleiden und dekorieren

DRESS 'EM UP!

Was ist einladender als ein kreativ gestalteter und festlich dekorierter Tisch für Ihre Gäste? Neben Blumenschmuck, passenden Servietten, Geschirr oder Essbesteck sind vor allem die Breadcakes-Manschetten ein besonderer Augenschmaus.

Breadcakes zu essen macht noch mehr Spaß, wenn Sie die Brötchen in bunte, gestrickte Verkleidungen stecken. Vor allem Kinder haben ihre Freude daran.

Fünf verschiedene Designs warten darauf, von Ihnen ausprobiert und gestrickt zu werden. So wird ihr Breadcakes-Mahl auch optisch unvergesslich und Ihre Gäste lassen sich umso lieber wieder von Ihnen einladen.

Oder wie wäre es, wenn Sie Ihre Breadcakes zum Verschenken in eine gestrickte Manschette packen? In einem passenden Brotkörbchen machen sich die verkleideten Breadcakes besonders gut.

Viel Vergnügen beim Handarbeiten und kreativen Gestalten
Ihrer Breadcakes-Manschetten!

Grundlegendes Material:

> Nadelspiel mit vier Stricknadeln 3,0 mm
> Häkelnadel 3,0 mm
> Nähnadel
> Zwirn
> Wolle oder Garn in unterschiedlichen
>   Farben (können auch Wollreste sein)
> Perlen 4 mm, 8 mm
> Knöpfe
> Schere

Abkürzungen:

M	Masche	str	stricken
re	rechts	Stb	Stäbchen
li	links	DStb	Doppelstäbchen
Rd	Runde	fM	feste Masche
Nd	Nadel	Km	Kettmasche

Ringel-Blume

Für diese Manschette benötigen Sie
drei unterschiedliche Wollfarben.

Anleitung

Strickmuster:

Bündchenmuster: 1 M re, 1 M li im Wechsel

40 M anschlagen. Die M auf ein Nadelspiel mit 4 Nadeln verteilen
(= 10 M pro Nd). Im Bündchenmuster 4 Rd str. Die 5. Rd mit einer neuen
Farbe beginnen. 4 M zunehmen (= 44 M). 3 Rd str. In der 9. Rd 6 M zunehmen (= 50 M). 3 Rd str. In der 12. Rd. 5 M zunehmen (= 55 M).
In der 13. Rd. das Nadelspiel abketteln. Faden abschneiden und mit
einer Nähnadel locker vernähen.

Häkelmuster:

In einer neuen Farbe den **Wellenrand** wie folgt häkeln:

∗ 1 Stb, 3 DStb, 1 Stb in eine M der Vorrunde. 1 M überspringen. 1 fM in
die nächste M der Vorrunde. 1 M überspringen.

*Ab ∗ bis zum Ende der Rd wiederholen und mit 1 Km enden. Faden abschneiden und mit
Nähnadel vernähen.*

Streifen-Krone

Für diese Manschette benötigen Sie zwei unterschiedliche Wollfarben.
Zehn 4-mm Perlen in der gleichen Farbe wie im Rippenmuster.

Anleitung

Strickmuster

Glatt rechts: Alles re M
Rippenmuster: 2 M re, 2 M li im Wechsel

36 M anschlagen. Die M auf ein Nadelspiel mit 4 Nadeln verteilen
(= 9 M pro Nd). Glatt re 4 Rd str. Die 5. Rd mit einer neuen Farbe beginnen. Rippenmuster str: 2 M re, 2 M li im Wechsel. Im Rippenmuster
8 Rd str. In der 9. Rd. das Nadelspiel abketteln. Faden abschneiden und
mit einer Nähnadel locker vernähen.

Häkelmuster

Den Muschelrand in der gleichen Farbe häkeln wie im Strickmuster
glatt rechts:

∗ 4 Stb in eine M der Vorrunde. 1 fM in die nächste M der Vorrunde.

Ab ∗ bis zum Ende der Rd wiederholen und mit 1 Km enden. Faden abschneiden und mit Nähnadel vernähen.

Kronenperlen

Mit einer dünnen Nähnadel je eine Perle (4 mm) auf den oberen Rand
zwischen 2. und 3. Stb nähen. Zwirnfarbe wie die der Perlen wählen.

Zwirn nach dem Annähen jeder Perle einmal verknoten und abschneiden. Nächste Perle annähen usw.

Perlen-Manschette

Für diese Manschette benötigen Sie drei unterschiedliche Wollfarben.
Zehn Perlen 8 mm.

Anleitung

Strickmuster

Bündchenmuster: 1 M re, 1 M li im Wechsel

40 M anschlagen. Die M auf ein Nadelspiel mit 4 Nadeln verteilen (= 10 M pro Nd). Im Bündchenmuster 4 Rd str. Die 5. Rd mit einer neuen Farbe beginnen. 4 M zunehmen (= 44 M). 3 Rd str. In der 9. Rd 6 M zunehmen (= 50 M). 3 Rd str. In der 12. Rd. 5 M zunehmen (= 55 M).

In der 13. Rd. das Nadelspiel abketteln. Faden abschneiden und mit einer Nähnadel locker vernähen.

Häkelmuster

In einer neuen Farbe den **Wellenrand** wie folgt häkeln:

∗1 Stb, 3 DStb, 1 Stb in eine M der Vorrunde. 1 M überspringen. Je 1 fM in eine M der Vorrunde. 1 M überspringen.

Ab ∗ bis zum Ende der Rd wiederholen und mit 1 Km enden. Faden abschneiden und mit Nähnadel vernähen.

Perlenspitze:

Mit einer dünnen Nähnadel je eine Perle (8 mm) auf den oberen Rand des mittleren DStb nähen. Zwirnfarbe wie die der Perlen wählen. Zwirn nach dem Annähen jeder Perle einmal verknoten und abschneiden.

Nächste Perle annähen usw.

Knopf-Manschette

Für diese Manschette benötigen Sie drei unterschiedliche Wollfarben.
4 Knöpfe.

Anleitung

Strickmuster

Rippenmuster: 2 M re, 2 M li im Wechsel

32 M anschlagen. Die M auf ein Nadelspiel mit 4 Nadeln verteilen
(= 8 M pro Nd). Im Rippenmuster 4 Rd str. Die 5. Rd mit einer neuen
Farbe beginnen. 6 Rd str. In einer neuen Farbe 6 Rd str. In der gleichen
Farbe wie zu Beginn 9 Rd str. In der 10. Rd. das Nadelspiel abketteln.
Faden abschneiden und mit einer Nähnadel locker vernähen.

Knöpfe annähen

Je zwei Knöpfe einander gegenüberliegend mit Wolle und einer Nähnadel annähen. Position zwischen zweiter und dritter Wollfarbe wählen.
Faden auf der Innenseite der Manschette vernähen und abschneiden.

Den oberen Teil der
Knopf-Manschette einmal
umstülpen.

Pilzköpfchen

Für diese Manschette benötigen Sie drei unterschiedliche Wollfarben.

Anleitung

Strickmuster

Rippenmuster: 2 M re, 2 M li im Wechsel
Verkehrt links: Alles li M
Glatt rechts: Alles re M

40 M anschlagen. Die M auf ein Nadelspiel mit 4 Nadeln verteilen
(= 10 M pro Nd). Im Rippenmuster 4 Rd str. In einer neuen Farbe 2 Rd
glatt re str. Im Rippenmuster in einer neuen Farbe 10 Rd str. In einer
neuen Farbe 2 Rd glatt re str. In einer neuen Farbe 4 Rd verkehrt li str.
In der letzten Rd. das Nadelspiel abketteln. Faden abschneiden und mit
einer Nähnadel locker vernähen.

Über die Autorin Mag. Veronika Michitsch

Geb. 1983, wohnhaft in Klagenfurt. Diplom der Sozial- und Integrations-wissenschaften, Coach, Trainerin in der Erwachsenenbildung, Vortragende und Seminarleiterin, ADHD-Therapeutin, elementare Musikpädagogin, Ernährungscoach in Ausbildung, Inhaberin der Bildungsplattform „Bildungszentrale", eines Unternehmens für Seminare, Workshops, Initiatorin einer temporären Schule für geflüchtete Kinder, Jugendliche und Erwachsene in einem Kärntner Transitquartier.

Zum Buch

Als Betroffene diverser Nahrungsmittelunverträglichkeiten und damit einhergehender körperlicher Beschwerden, Einschränkungen und intensiver ärztlicher Betreuung sah sich die Autorin durch ihre jahrelange Auseinandersetzung mit diversen Nahrungsmittelalternativen und das Kreieren alternativer, sensibler Rezepte veranlasst, ein Backbuch zu verfassen, das sich mit der Nische „Ess-Sensibilität" beschäftigt.

Ziel dieses Backbuches ist es, sowohl Menschen anzusprechen, die alle Nahrungsmittel vertragen und sich einfach nur bewusst ernähren möchten, als auch jene Nischen-Menschen zu erreichen, die an diesen Nahrungsmittelunverträglichkeiten leiden.

Durch ihre Liebe zu England, ihre zahlreichen Aufenthalte dort und die jahrelange Freundschaft zu vielen englischen Menschen, die sich ebenfalls mit alternativer, achtsamer Ernährung beschäftigen, entwickelte die Autorin einen neuen, alternativen Zugang zu den altbekannten Cupcakes.

Es gelang ihr eine Symbiose aus herausfordernder Innovation und sensibler Genauigkeit beim Backen, die über den Tellerrand hinausragt: Die Breadcakes waren geboren!

freya BUCHTIPPS

Sabine Perndl

Kekse ohne Zucker
Quer durchs Jahr

Eine große Aufmerksamkeit gibt die selbstbetroffene Autorin in diesem Buch jenen Menschen, die an Gluten- und/oder Zuckerunverträglichkeit leiden.

In diesem Keksbuch stellt sie ihre eigenen selbst erprobten, schmackhaften und einfachen Keksrezepte vor. Für den Gaumen ein wahrer Genuss, quer durchs Jahr verteilt – Kekse für jeden Anlass. Dieses Buch bietet die Möglichkeit, trotz der Allergie, dem Gaumen eine Freude zu schenken und die Seele zu verwöhnen.

ISBN 978-3-99025-216-1

Sabine Perndl

Backen ohne Zucker
Gluten- und lactosefrei Kuchen, Brote & Konfekte

Süße Bäckereien und gesundheitsfördernde Ernährung lassen sich jetzt vereinen! Backen ohne Zucker zeigt anhand erprobter Rezepte gesunde Alternativen zu Zucker (Glucose) und glutenhaltigem Mehl, besonders Weizenmehl.

Die Rezepte für Kuchen, Torten, Schnitten und Brote sind mit wenigen, aber wertvollen Zutaten einfach nachzumachen und schmecken köstlich. Wissenswertes zu den verschiedenen Zutaten und Tipps und praktische Erfahrungen vom Einkaufen über die Zubereitung bis zum Haltbarmachen der Backwaren, runden dieses wertvolle Backbuch ab.

ISBN 978-3-902540-92-8